Cultura Cristiana

una introducción

P. ANDREW SANDLIN

cántaro
publications

JORDAN STATION, ONTARIO

cantaroinstitute.org

Cultura cristiana: una introducción
P. Andrew Sandlin

Esta edición en español es publicada por Cántaro Publications, una editorial del Cántaro Institute, Jordan Station, Ontario, Canadá.

Publicado originalmente en inglés como *Christian Culture: An Introduction*, por Center for Cultural Leadership. christianculture.com

Traducido por Daniel J. Lobo.

ISBN: 978-1-998711-05-5

*Al pastor Doug Enick y su esposa Melinda y sus hijos,
y a la Trinity Evangelical Church, Pratt, Kansas, creando
cultura cristiana con poca fanfarria y gran fidelidad.*

Contenidos

Endosos

El tema que impulsa no solo este libro sino toda la organización de Andrew es el tema singular que me atrajo a él hace tantos años y que ha mantenido mi apasionado entusiasmo hasta el final. En esta excelente obra trasciende el nivel de entusiasmo apasionado y ofrece la elaboración más convincente y fructífera hasta la fecha de cómo debe ser el compromiso de un cristiano con la cultura. Desde mi punto de vista, está defendiendo realmente cómo DEBE ser. La relevancia de la iglesia está en juego, nuestro testimonio ante un mundo caído está en juego, pero como demuestra Andrew tan elocuentemente, nuestra propia vocación en la cultura está en juego. El día en que el mensaje de este libro se adopte y se aplique será el día en que sabremos que estamos viviendo realmente con fidelidad, ejerciendo todos los derechos de la corona del Rey Jesús, como Él quiere que lo hagamos. No puedo recomendar este libro con suficiente fuerza o con la desesperación adecuada».

David L. Bahnsen
Newport Beach, California

El Dr. Peter Jones, director de truthXchange, se preguntó si el 9 de mayo DE 2012 fue "¿El fin oficial de la cristiandad?"

»¿Por qué?

»Esa fue la fecha en la que el presidente Barack Obama anunció su apoyo al matrimonio entre personas del mismo sexo mientras se aprovechaba de las Sagradas Escrituras, en particular la Regla de Oro de Jesús, en un esfuerzo por endulzar su impía causa. Algunos malinterpretaron al Dr. Jones, por lo que tuvo que aclarar que, aunque la cristiandad ha llegado a su fin, el cristianismo no ha terminado ni terminará. El pequeño libro del Dr. P. Andrew Sandlin, *Cultura cristiana*, ofrece una introducción accesible a la idea de cultura cristiana, cómo y por qué se ha perdido, las fuerzas e ideas que la llevaron a su fin, la diferencia entre cristiandad y cristianismo, y lo que los cristianos podemos y debemos hacer para crear una cultura cristiana dentro de nuestros ámbitos de influencia, aunque sean pequeños.

»El enemigo no siempre viene de fuera. Las creencias erróneas entre los cristianos, como el «gnosticismo blando», sabotean la cultura cristiana desde dentro.

»El Dr. Sandlin demuestra contundentemente que hoy en día, una respuesta generalizada entre los cristianos a la secularización es aceptar los dictados de los secularistas que se arrogan el derecho de decirles a los cristianos dónde se permitirá el cristianismo, en lugares privados pero no en la plaza pública ni practicado por los cristianos dentro de sus propios negocios. Muchos cristianos se acobardan y se convierten en cómplices mientras la Administración Obama avanza notoriamente en la privatización del cristianismo y la secularización de la cultura tergiversando deliberadamente la Primera Enmienda de la Constitución como si permitiera la «libertad de culto» en la iglesia en lugar de restringir al Congreso «el establecimiento de la religión o la prohibición de su libre ejercicio» dondequiera que los cristianos se encuentren.

»*Cultura cristiana* es un manual accesible para los cristianos, pues si bien señala los fallos y las deficiencias, lo más importante es que indica el camino a seguir para la creación de una cultura cristiana».

A. B. Caneday, Doctor en Filosofía
Profesor de Nuevo Testamento y Griego
Northwestern College, Saint Paul, Minnesota

Mi amigo Andrew Sandlin ha elaborado un excelente relato sobre la cultura cristiana. Es bíblico, preciso, perspicaz y conciso. He disfrutado leyéndolo y espero que muchas otras personas aprovechen la misma oportunidad».

John M. Frame, M.Phil., D.D.
Profesor de Teología Sistemática y Filosofía
Seminario Teológico Reformado, Orlando, Florida

Es un gran placer comentar este volumen tan necesario de mi amigo Andrew Sandlin. El estudio se caracteriza por los siguientes puntos fuertes. (1) Los "sujetalibros" de la investigación son visiones históricas de dónde se encuentra nuestra cultura en este momento, afirmando que Cristo dio a sus discípulos instrucciones sobre cómo vivir ante Él como una comunidad, convirtiéndolos así en una cultura. (2) De nuevo mediante la perspectiva histórica, se demuestra

que Cristo es el transformador de la cultura. La civilización actual es ciertamente pecaminosa, pero los cristianos pueden trabajar por el poder del Espíritu Santo y la
Palabra de Dios para conformarla a las normas bíblicas.
Este es el paradigma *transformacional:* «Cristo *transformador* de la cultura insta a los cristianos a trabajar por
el poder del Espíritu Santo, por la declaración del Evangelio, por la práctica de la oración y por la fidelidad a la
Biblia para cambiar gradualmente una cultura pecadora y rebelde en una cultura justa y sumisa, aunque este
cambio nunca será completo antes del estado eterno».
(3) Una teología de la cultura cristiana se explica mediante un despliegue de Génesis 1:26-28. En resumen:
"La creación es lo que Dios hace; la cultura es lo que
nosotros hacemos". Ni siquiera el pecado ha impedido
el mandato de someter la tierra: el pecado no elimina el mandato cultural; solo lo pervierte. Pero incluso
obstaculizado por el pecado "el hombre es un creador
de cultura", con las Escrituras sirviendo de plano para
el mandato cultural. (4) Hay un análisis sucinto de
cómo perdimos nuestra cultura cristiana. El Sr. Sandlin se enfrenta a desafíos al cristianismo histórico como
el darwinismo, el cual, escribe, no es principalmente
una empresa científica; "es, más bien, una filosofía en
busca de una explicación para el universo *en ausencia*

del Dios de la Biblia". Lo mismo ocurre con todos los demás enfoques extrabíblicos y antibíblicos del mundo en que vivimos. (5) En vista de todo lo anterior, surge naturalmente la pregunta: ¿Cómo podemos crear una cultura cristiana? La respuesta es que podemos empezar por recuperar la visión de la normatividad de ese modo de vida. La cultura cristiana no es sino la manifestación terrenal del reino de Dios: trabajar por la cultura bíblica es hacer avanzar la gloria de Dios en la tierra. En definitiva, las cuestiones planteadas por este ejercicio reflexivo deben ser tomadas a pecho por todos los que aman la verdad y buscan transformar esta generación por medio del evangelio».

Doctor Don Garlington
Toronto, Ontario

Lamentablemente, para demasiados cristianos modernos, la idea misma de cultura cristiana huele a una polvorienta obsolescencia o a un peligroso oxímoron. Y así, cada semana oramos «venga a nosotros tu Reino, hágase tu voluntad en la tierra como en el cielo», pero no queremos decir nada con ello. Así pues, es para esta generación de creyentes somnolientos para la que escribe Andrew Sandlin. Su claridad, fidelidad bíblica y contundencia histórica serán probablemente un tónico fuerte y vigorizante, pero es justo lo que todos necesitamos.

»Muy recomendable».

Doctor George Grant
Pastor de la Iglesia Presbiteriana Parroquial,
Franklin, Tennessee

No es difícil encontrar libros sobre el declive y la caída de la civilización occidental, y la mayoría son del tipo hiperventilador. Este pequeño libro está lleno de sustancia sin pánico. Con una erudición evidente que evita la pretensión demasiado común de complicar las cosas más bien sencillas, P. Andrew Sandlin nos recuerda lo que hemos perdido, olvidado o tirado a la basura, y por qué debemos —y podemos— buscar su recuperación. Hay pocas dudas de que las luces se han apagado en la cultura judeo-cristiana. En una época en la que los ciegos guían a los ciegos, Sandlin nos señala la luz que aún, incluso ahora, brilla en la oscuridad».

Brian G. Mattson, Ph.D.
Académico Principal de Teología Pública
Center for Cultural Leadership

Antes de ascender al cielo, Jesús declaró que se le había concedido toda autoridad en el cielo y en la tierra (Mt 28: 18). Era, en efecto, Rey sobre todo: sobre todas las personas, pero también sobre todos los lugares y todas las cosas. Nada quedó fuera de su dominio.

»Esto significa que sus seguidores perseguirían su inevitable implicación cultural bajo su autoridad y de acuerdo con su palabra. Cualquier otra cosa es incredulidad y rebelión.

»Esta es la verdad básica que Andrew Sandlin ha afirmado y desarrollado en breve compás en beneficio de los creyentes de hoy, especialmente de aquellos que pueden haber sido engañados por la idea errónea de que el cristianismo y la cultura no tienen nada que ver entre sí.

»Recomiendo encarecidamente *Cultura cristiana*, un libro que expone las razones bíblicas que demuestran por qué los creyentes deben implicarse en el desarrollo cultural de un modo específicamente cristiano, y cómo esta implicación ha tomado forma en los siglos transcurridos desde que nuestro Señor anunció su Gran Comisión.

»El lector no solo se hará un favor a sí mismo, sino que también descubrirá un recurso que podrá transmitir a otros creyentes para ayudarles en su propio camino de fidelidad».

Norman Shepherd, Th.M., D.D.
Exprofesor asociado de Teología Sistemática,
Seminario Teológico Westminster, Filadelfia, Pensilvania

Cultura cristiana. ¿Es utópica esta noción? ¿Es oximorónica? ¿Es contemplarla una distracción de los llamados esfuerzos evangélicos reales? En una palabra, no. El propio Evangelio nos informa —si de verdad escuchamos a Aquel que ES la buena nueva— que somos salvos DE algo y PARA algo. Y ese algo incluye necesariamente el contexto en el que vivimos, nuestra cultura.

»En esta potente presentación, el Dr. Sandlin, con franqueza, honestidad y poder expone la realidad y la necesidad de cultivar una cultura cristiana, una que promueva el florecimiento humano afirmando la bondad de la creación y la buena, aunque multifacética, tarea del hombre con y dentro de esa creación ahora redimida, más allá de simplemente esperar al cielo, o centrarse desmesuradamente en la iglesia local. Se trata de una herramienta crucial para captar y luego prepararse para esas hermosas tareas de forma positiva y amorosa.

Puede haber cultura cristiana; ha habido cultura cristiana; y estamos llamados a construir cultura cristiana. En resumen, la cultura cristiana es un producto de nuestro ser redimidos «de toda iniquidad» para que seamos "celosos de buenas obras" (Tit 2:14). Negar la cultura cristiana es, en última instancia, negar el poder del perdón del Evangelio.

Jeffery J. Ventrella, J.D., Ph.D.
*Consejero Principal, Vicepresidente de Senior
Alliance Defending Freedom*

¿Qué es la civilización cristiana? No es una pregunta que pueda responderse en una o dos frases. Sin embargo, muchos de los que se plantean la pregunta no están preparados para que se les entregue un enorme tomo que deban leer por su cuenta para obtener una respuesta. El Dr. Sandlin nos ha dado aquí un pequeño libro, escrito en términos claros y no técnicos, que dará al interesado una respuesta sustantiva a su pregunta.

»Aunque Sandlin menciona a quienes se oponen a la idea de una "civilización cristiana", esta no es una obra polémica. Se trata más bien de una declaración positiva de los fundamentos bíblicos de la cristiandad, un esbozo a vista de pájaro de su historia y una evaluación de las razones de su declive, junto con un desafío a orar y esforzarnos por su restauración. Se trata de una pequeña herramienta valiosa para que la iglesia ayude a la gente —a los jóvenes, sobre todo— a recuperar la visión y dedicarse a la causa de la civilización cristiana.

Roger Wagner, D.Min.
Pastor, Iglesia Presbiteriana Ortodoxa de Bayview,
Chula Vista, California

.

Prefacio

En el año 2000 puse en marcha el Centro de Liderazgo Cultural (durante un breve periodo de tiempo se llamó Instituto de Liderazgo Cultural). Una de mis primeras tareas fue conseguir un nombre de dominio web. En el año 2000, la World Wide Web se había convertido en un fenómeno, y a nadie se le habría ocurrido poner en marcha una organización que invitara al interés público sin hacerse con un dominio web, y cuanto más destacado, mejor. Supuse que, debido a que muchos nombres ya estaban tomados, necesitaría conseguir un nombre muy específico (y relativamente difícil de recordar) como centerforculturalleadership.com. Por capricho, busqué christianculture.com, y me quedé atónito al ver que estaba disponible. Me asombró, y luego me preocupó, cómo a nadie en el *mundo* se le había ocurrido clavar un dominio para una expresión tan importante desde el punto de vista histórico (similar a grandepresión.com o ilustración. com). El hecho de que ni una sola persona u organización en todo el mundo hubiera pensado en hacerse con este dominio, que expresa una de las mayores realidades históricas de Occidente, revelaba mucho sobre el alejamiento de nuestra sociedad de sus propias raíces y, además, la ignorancia de (¿o es más bien desconfianza hacia?) una realidad histórica que contribuyó poderosamente al éxito y la grandeza de Occidente.

Este pequeño libro espera, de forma breve, corregir esa omisión. Si, después de leer este libro, usted sabe qué es la cultura cristiana, cómo surgió, cómo decayó, cuál es su apoyo bíblico y cuál es su suerte actual, habré logrado mi objetivo como autor.

¿He dicho que se trata de un libro pequeño? Comunicar incluso las verdades básicas sobre la cultura cristiana en tres capítulos es mucho pedir, pero si Dios derrama su gracia sobre este proyecto, creo que podré tener éxito en mi objetivo. En el primer capítulo quiero hablar de la historia de la cultura cristiana, concretamente desde dos perspectivas: (1) cómo la cultura cristiana se convirtió en una realidad histórica; y (2) cómo la iglesia a lo largo de la historia ha entendido la relación entre Cristo y la cultura.

En el segundo capítulo quiero adentrarme en la Biblia y descubrir qué dice la Palabra de Dios sobre la cultura cristiana; es decir, quiero exponer una breve teología bíblica para la cultura cristiana.

En el tercer capítulo, espero mostrar cómo perdimos la cultura cristiana, en qué punto nos encontramos hoy en nuestra propia cultura y, por último, qué podemos (y debemos) hacer para crear una cultura cristiana hoy y mañana.

Mis puntos de vista sobre la cultura cristiana se han ido formando a lo largo de muchos años, y no hay manera de que pueda enumerar a todas las personas con las que estoy en deuda por haberme ayudado a llegar a esos puntos de vista. Mencionaré aquí solo a Christopher Dawson, el autor al que más debo en este tema.[1] Ningún escritor del siglo XX dijo más sobre la cultura cristiana, ni lo dijo mejor. Dawson, historiador social católico romano británico y erudito independiente durante mucho tiempo, que obtuvo un puesto en la facultad de Harvard solo al final de su vida, fue un personaje verdaderamente notable. Escribió decenas de libros en los que abordaba con la máxima seriedad la influencia del cristianismo en la cultura occidental. Escribió con astucia, desapasionamiento y claridad. Su erudición era enorme. Ningún erudito católico romano fue más justo con la Reforma protestante. Humanamente hablando, sin Christopher Dawson nunca habría existido el CCL.

Debo mencionar también que solo después de haber pronunciado estas conferencias se me ocurrió que los tres capítulos corresponden aproximadamente al triperspectivismo de John M. Frame: «Historia de la cultura cristiana» (perspectiva situacional), «Teología de la cultura cristiana» (perspectiva normativa) y «Creación de la cultura cristiana» (perspectiva existencial).[2] Esta revelación intuitiva es un testimonio de la influencia del paradigma de Frame en mi pensamiento.

Agradezco a mi colega, el Dr. Brian G. Mattson, Académico Superior de Teología Pública del CCL, sus inestimables sugerencias para mejorar este manuscrito, aunque solo yo soy responsable de sus imperfecciones.

Un agradecimiento especial al pastor Doug Enick y a su querida esposa Melinda y sus hijos, así como a la Iglesia Evangélica Trinity, de Pratt, Kansas, donde impartí las primeras versiones de estos capítulos como conferencias. Mi esposa Sharon y yo fuimos tratados con gran amabilidad cristiana, y trabé un parentesco inmediato con el pastor Enick. Es un hombre de Dios que hace la obra de Dios a la manera de Dios. A él, a su familia y a su iglesia dedico este pequeño libro.

Por último, estoy profundamente agradecido a mi viejo amigo David Souther, de Bend, Oregón, por financiar este proyecto. El trabajo del reino de Dave entre bastidores como padre, esposo y hombre de negocios contribuye más a la cultura cristiana que muchos de nosotros que vivimos en el centro de la atención pública.

Notas al prefacio

[1] Sobre su vida, véase la excelente biografía de su hija Christina Scott, *A Historian and His World* (New Brunswick y Londres: Transaction, 1992).

[2] John M. Frame, *The Doctrine of the Knowledge of God* (Phillipsburg, Nueva Jersey: Presbyterian and Reformed, 1987), 74-75.

CAPÍTULO 1:

Historia de la cultura cristiana

Antes de abordar la cultura cristiana, necesitamos entender qué es, y antes de entender qué es la cultura *cristiana*, necesitamos entender qué es la *cultura*.

La cultura, estrictamente definida, denota aquellos productos de la interactividad humana con la naturaleza que reflejan el objetivo autoconsciente del beneficio humano: la educación, la ciencia, el entretenimiento, la tecnología, la arquitectura, las artes; incluso productos humanos tan simples como las comidas, los juguetes y los productos de aseo personal. La categoría de cultura introduce una división tajante con respecto a la naturaleza. Sabemos que Dios creó la naturaleza: es obra suya. Dios no crea la cultura, al menos no directamente.

John M. Frame capta esta distinción: «La creación es lo que Dios hace; la cultura es lo que nosotros hacemos».[1] La cultura es muy diferente de la creación; su rasgo distintivo es el uso humano de esa creación para beneficio del hombre. La cultura es lo que obtenemos cuando el hombre emplea intencionadamente la creación con fines beneficiosos. Un tomate no es un aspecto de la cultura; una pizza sí. El oxígeno no es un ejemplo de cultura; una máscara de oxígeno sí lo es. El *rey David* no se define como cultura; la famosa escultura de Miguel Ángel *El Rey David* (c. 1504) es cultura. La creación más la interacción beneficiosa del hombre con ella es igual a cultura.

Al caminar por este mundo, nos encontramos constantemente, y casi siempre de forma simultánea, tanto con la naturaleza como con la cultura. Nos enfrentamos a las pacanas y a las nubes cumulosas y a las Montañas Rocosas y a la densa niebla y *fox terriers* y tallos de maíz y (aquí en California) terremotos y playas y, lo más significativo de todo, otros seres humanos, creados a imagen de Dios.

En medio de esta naturaleza experimentamos (y creamos) la cultura: las superautopistas y los teléfonos inteligentes y las escuelas de adiestramiento canino y las elecciones políticas y el pastel de nueces y el *David* de

Miguel Ángel y los martillos neumáticos y las escopetas y los audífonos.

El hombre actúa sobre la creación de Dios y produce cultura.

¿Qué es, entonces, la *cultura cristiana*? Es la cultura que el hombre crea de forma autoconscientemente, o al menos instintivamente, cristiana. Si el hombre nunca hubiera caído en el pecado, toda la cultura habría sido lo que Dios pretendía, porque el hombre siempre habría complacido a Dios al interactuar con la naturaleza. Pero el hombre pecó, y su pecado repercute en sus tareas culturales, y, por tanto, no toda la cultura es cultura que honre a Dios (hoy diríamos que no toda la cultura es *cristiana*). De hecho, en *la mayoría de* los casos la cultura no es cristiana históricamente, y la mayoría de las civilizaciones y su cultura en la historia de la humanidad no han sido cristianas. Por eso la cultura cristiana es una especie distinta de cultura. Es una cultura entre muchas otras. Si la Caída nunca hubiera ocurrido, nunca habríamos tenido este problema.

Un esbozo histórico de la cultura cristiana

Nadie que lea estas líneas ha visto nunca la cultura cristiana a una escala social significativa. Cuando hablo de esta, debe de haber un aire de irrealidad que empaña nuestras mentes. A grandes rasgos, la cultura cristiana comenzó con la afirmación pública del cristianismo por Constantino en el siglo IV. Engulló tanto a Europa Oriental como, más tarde, a Europa Occidental. Posteriormente dio forma a las colonias europeas en el Nuevo Mundo. Fue bizantina y católica romana y (con el tiempo) protestante.

La cultura cristiana fue muriendo paulatinamente, primero en Europa Occidental a mediados del siglo XVIII bajo las presiones del ala radical de la Ilustración y su posterior reacción, el Romanticismo. En los Estados Unidos, después de la Guerra Civil, la cultura cristiana fue destrozada por el darwinismo, por los enfoques histórico-críticos de la Biblia y por la democracia secular. La cultura cristiana en Oriente siempre estuvo supeditada al Estado, y cuando este se volvió ateo (marxista) en Rusia en 1917 y en Europa del Este en 1945-1946, la cultura cristiana simplemente se derrumbó, aunque no desapareció.

¿Qué era, más concretamente, la cultura cristiana? En lo que respecta a la historia europea, era aproximadamente sinónimo de cristiandad. Era la afirmación visible y pública del cristianismo por parte de las sociedades. Era la civilización cristiana marcada por el bautismo trinitario, la profesión de los credos cristianos ecuménicos y la lealtad a la Biblia y a la fe entregada una vez por todas a los santos (Jud 3). La cristiandad era un modo de vida omnipresente y transnacional moldeado por la Biblia y la tradición cristiana. Los líderes políticos nacionales no solo eran cristianos en su vida privada: se esperaba de ellos que aplicaran su expresión del cristianismo (por deformada e imperfecta que fuera) en el Estado. Del mismo modo, se esperaba que el derecho, la música, la educación, la literatura, la ciencia, la tecnología, la poesía, y todos los aspectos de la vida rindieran tributo a Jesús como Salvador y Señor. La sociedad debía ser una cultura cristiana.

Esta cristiandad no era perfecta, ni mucho menos, pero era una realidad histórica concreta.[2]

La cristiandad siempre ha tenido enemigos: desde el exterior fue asediada por el islam. Incluso sectores marginales de cristianos como los anabaptistas lo censuraban. Pero el mayor enemigo de la cristiandad fue la Ilustración.[3] No nos equivoquemos: algunas de las primeras figuras de la Ilustración, como John Locke y Thomas Jefferson, estaban, como mínimo, influidas por el cristianismo, si es que no eran realmente cristianos ellos mismos, y el incondicional de la América colonial Jonathan Edwards era una figura de la Ilustración teológicamente *conservadora*, por extraña que pueda sonar esa descripción hoy en día. Sin embargo, con el tiempo, el principal principio de la Ilustración —que ninguna autoridad podía juzgar a la razón humana, que la razón y la experiencia del hombre eran la medida de todas las cosas— asfixió a la cristiandad y a la cultura cristiana. La exhibición pública más temprana y violenta de esta asfixia fue la Revolución francesa, que barrió un Estado corrupto y tiránico junto con una Iglesia corrupta y efímera. Lo que sustituyó a una iglesia y un estado corruptos fue infinitamente peor que sus predecesores, como pudo atestiguar la guillotina parisina. La Revolución francesa fue la madre de todas las revoluciones seculares violentas: en Rusia, China, Corea, Camboya y Vietnam. Allí donde prevalecieron esas revoluciones seculares, la cristiandad y la cultura cristiana desaparecieron.

En democracias liberales establecidas como Inglaterra y Estados Unidos, la revolución no fue violenta, pero no tuvo menos éxito. La secularización se impuso capturando gradualmente (de forma democrática, cultural, sutil y pacífica) las escuelas y universidades públicas, las principales fundaciones, las artes y la política.[4] Este medio de toma de control cultural no fue menos eficaz que la revolución violenta, del mismo modo que la elección democrática de Hitler en la República de Weimer no lo instaló con menos seguridad de lo que lo habría hecho una revolución.

Hoy en día, la cultura cristiana es un recuerdo lejano, o ningún recuerdo en absoluto. El secularismo es una «ideología invisible»; es un modo de vida que casi nadie cuestiona y que casi todo el mundo da por sentado. Esta aversión o ignorancia de la cultura cristiana es comprensible; los secularistas quieren un mundo secular, no un mundo cristiano, y lo han conseguido. Nuestra falta de contacto existencial con la cultura cristiana a cualquier escala que se aproxime a la Cristiandad requerirá que volvamos atrás y consideremos lo que hemos perdido, lo que una vez fue la regla pero ahora es la excepción (ni siquiera lo suficientemente significativa como para ser una excepción, de hecho) si queremos entender nuestro objetivo. ¿Cuáles son las raíces históricas de la cultura cristiana?

¿Qué era la cultura cristiana?

Cuando pensamos en la cultura cristiana, quizá lo primero que nos venga a la mente sea el catolicismo medieval, o la Ginebra de Calvino, o los puritanos de Nueva Inglaterra. Pero las semillas de la cultura cristiana se encuentran en la vida de la primera cultura piadosa a gran escala, el antiguo Israel, el pueblo elegido de Dios.[5] Él los llamó soberanamente a sí mismo, no simplemente como individuos discretos, sino como una comunidad. Esta comunidad iba a ser una sociedad y una cultura, porque delineó su ley para esa comunidad en formas culturales de vida: cómo comer, cómo vestirse, cómo trabajar, cómo tratarse unos a otros, cómo tratar las enfermedades, cómo casarse y cómo divorciarse, cómo criar a los hijos, cómo tratar a su entorno, cómo tratar a otras naciones, y mucho más. Todas estas son estipulaciones *culturales*. Los judíos vivían como una comunidad descentralizada bajo la autoridad de la ley de Dios, esperando a su Mesías que transformaría el mundo concediendo salvación a todos los pueblos, judíos y no judíos. Los judíos debían ser una cultura piadosa que sirviera de microcosmos de la cultura piadosa mundial inaugurada por el Mesías (Is 19:24, Ro 4:13, Gá 3:29).

Cuando ese Mesías, el Hijo de Dios, Jesucristo, llegó, vino predicando el Reino de Dios, que es el gobierno de Dios. Hizo un llamamiento a los judíos y en segundo lugar a los gentiles para que se arrepintieran y confiaran en Él, solo por gracia y por fe, para la salvación. Creó una comunidad de apóstoles y discípulos. Les dio instrucciones sobre cómo vivir ante él y convivir como comunidad. Debían ser una *cultura*. Jesús habló de construir una iglesia (Mt 16:18), y tras su muerte, resurrección y ascensión, esa iglesia comenzó en serio en Pentecostés. Esa iglesia, en obediencia a su Señor, comenzó a evangelizar, no solo en Jerusalén, el centro de la fe judía, sino en todo el mundo conocido. El apóstol Pablo llevó primero el Evangelio a Europa. La iglesia se enfrentó a una hostilidad masiva y a una persecución salvaje, pero con el tiempo creció. Ese crecimiento se manifestó como una comunidad alternativa, una cultura subversiva. A medida que el Imperio romano se derrumbaba a su alrededor —a medida que la *cultura* colapsaba a su alrededor— la iglesia se convirtió gradualmente en un sustituto, incluso en estos primeros tiempos de persecución.[6]

El punto de inflexión llegó, por supuesto, con la conversión de Constantino el Grande en el año 312 y en el Edicto de Milán, que concedió a libertad a todas las religiones.[7] Esto significaba que el cristianismo ya no era perseguido y que se le devolvían sus propiedades. Constantino también utilizó al Estado para apoyar al cristianismo y a sus iglesias. En este entorno, la cultura cristiana prosperó y con el tiempo creció a gran escala. La cultura cristiana en Oriente (con sede en Constantinopla) estaba dominada por el Estado. La cultura cristiana en Occidente (con sede en Roma) estaba dominada por la Iglesia. Ambas eran cristianas.[8]

En Occidente, que es nuestra herencia, el poder del cristianismo era universal y el de la política provincial. A menudo nos resulta difícil hoy comprender esta estructura básica. La estructura política y social básica del mundo antiguo solía ser la ciudad, pero en la Europa medieval era el condado.[9] El Estado era débil y la Iglesia fuerte.[10] Y la unidad subyacente no era política; era religiosa: cristiana:

> Todas las iglesias eran una sola Iglesia y todos sus miembros, miembros los unos de los otros. Todo el mundo cristiano, desde Europa occidental hasta Persia, estaba unido por una ciudadanía espiritual común y compartía los mismos ritos de iniciación y comunión por los que se hacían no solo miembros de una sociedad universal, sino partícipes de una nueva vida [...] Casi toda Europa y una parte

considerable del Mediterráneo oriental formaban una gran sociedad, unida por una fe común, una ley común y unas instituciones comunes. Un hombre podía recorrer las rutas de peregrinación desde Inglaterra e Irlanda o Escandinavia hasta Roma, Compostela y Jerusalén y encontrar en todas partes hombres que compartían el mismo modo de vida, las mismas normas y el mismo pensamiento y comportamiento. Las órdenes religiosas, las órdenes de caballería y las universidades eran instituciones internacionales con miembros y contactos en todas las tierras, de modo que un monje que saliera de su abadía en el lejano Norte [...] encontraría a sus hermanos a mil millas de distancia [...] viviendo precisamente la misma vida, en el mismo tipo de construcción, haciendo las mismas oraciones en el mismo idioma, y quizá incluso pensando los mismos pensamientos.[11]

Era la cultura cristiana: la educación y el trabajo y la alimentación y el comercio estaban todos moldeados por la fe cristiana. No era una cultura perfecta, ni mucho menos. Estaba centrada en la Iglesia más que en el reino (véase el capítulo 3), y arrastraba todos los pecados y fragilidades de cualquier comunidad humana pecadora. Pero era una cultura auténtica y unificada, y era cristiana.

Esta fue la cultura que heredaron nuestros antepasados de la Reforma. La Reforma, una trágica necesidad, destruyó la unidad de la iglesia occidental.[12] No destruyó la unidad de la cultura occidental. ¿Por qué? Tanto Roma como el protestantismo presuponían la cristiandad. Lutero y Calvino y Cranmer y Knox no diferían del Papa en esta cuestión. Discrepaban sobre la teología cristiana, no sobre la cultura cristiana. La cristiandad y su cultura estaban en el corazón de la fe de todos ellos. Podían prescindir tan pronto de la cultura cristiana como de la Trinidad.

Esta es la cultura que los primeros europeos transportaron a nuestras costas en los siglos XVI y XVII. Vinieron en busca de libertad religiosa, pero no de libertad de la cultura cristiana. Vinieron porque habían sido perseguidos por sus creencias teológicas, no por sus creencias culturales.[13] John Winthrop, al frente de la Colonia de la Bahía de Massachusetts, deseaba para sus compañeros de viaje «una ciudad sobre una colina». Querían una cultura cristiana en la que fueran libres para practicar su fe de la Reforma. Esta cultura es *nuestra* herencia.

Esta cultura cristiana se ha perdido ahora, tanto en Europa como en nuestra propia nación. En el capítulo 3 hablaré de cómo perdimos esta cultura y de lo que debemos hacer para crearla hoy, pero los hechos que debemos comprender son que fue una realidad histórica, que fue la realidad histórica de nuestros antepasados y que es nuestra herencia.

Esto no significa que los cristianos siempre hayan estado de acuerdo sobre la relación entre el cristianismo y la cultura. A medida que los cristianos han evaluado la sociedad humana y la cultura que les rodea, han llegado a conclusiones diferentes, y a menudo contradictorias, sobre cómo relacionarse con esa cultura. Todos los cristianos son conscientes de la realidad del pecado humano, incluido el pecado y la cultura. Se preguntan: «¿Cómo vamos a ser cristianos mientras vivimos en un mundo de pecado? No podemos escapar totalmente de la cultura que nos rodea, pero ¿cómo nos relacionamos con ella como pueblo de Dios?». Los cristianos han respondido a esas preguntas de diferentes maneras.

Cinco paradigmas de la relación entre Cristo y la cultura

Pocos pensadores han descrito esos caminos con mayor eficacia que Richard Niebuhr, en su clásico de 1951 *Cristo y la cultura*.[14] Niebuhr ofrece una memorable clasificación en cinco partes: Cristo contra la cultura; el

Cristo de la cultura; Cristo por encima de la cultura; Cristo y la cultura en paradoja; y Cristo transformador de la cultura.

Cristo contra la cultura

El paradigma de Cristo *contra* la cultura sugiere que ambos son antitéticos: puesto que los cristianos son una raza espiritual separada éticamente del mundo, deben protegerse de la cultura de ese mundo. El mundo está en guerra con Dios. Satanás es el príncipe del mundo. Él ha cegado la mente del mundo. Por eso, «el cristianismo como forma de vida está muy separado de la cultura».[15]

Sean de derecha o de izquierda, estos cristianos ven el mal en todas partes. El mundo actual es secular (o hipócritamente cristiano), materialista (o de la Nueva Era), feminista (o misógino), intolerante (o pluralista), socialista (o capitalista), proelección (o antiaborto), pacifista (o militarista), homófobo (o demasiado tolerante), etc. El mundo es un mal sin paliativos y los cristianos deben tener el menor trato posible con este.

La cultura dominante de este mundo se encuentra sistemáticamente bajo juicio. Esa cultura siempre está dispuesta a seducir a los cristianos para que se aparten de la sumisión y la obediencia piadosas. Si nos enredamos en la cultura, el mundo nos apartará de la fidelidad al Señor Dios. Podemos intentar cristianizar la cultura, pero al final nos corromperá.

No hay razón, por tanto, para trabajar por el cambio cultural, por la cultura cristiana. No solo porque ese compromiso con el mundo puede seducirnos y alejarnos del seguimiento de Jesús, sino también porque los cristianos están llamados a la separación cultural, no al compromiso cultural. Y de todos modos, no tenemos ninguna expectativa de éxito: el mundo está destinado (predestinado por Dios, tal vez) a empeorar cada vez más.

Este es el paradigma de los anabaptistas y otros sectores de la Reforma radical,[16] incluidos muchos evangélicos de hoy. La cultura es maligna. No debemos enredarnos en ella. Debemos mantenernos alejados de la política y la economía y la ciencia y la tecnología y la ópera y el cine y Hollywood. Si nos enredamos en la cultura e intentamos cambiarla, acabará cambiándonos *a nosotros* para peor. El mundo y la cultura están condenados al juicio de Dios. Lo mejor que podemos esperar es salvar algunas almas y prepararnos para la Segunda Venida.

También podríamos llamar al paradigma de Cristo *contra* la cultura el «paradigma *separatista*». Los cristianos deben, en el mayor grado posible, estar totalmente separados de la cultura. Probablemente el ejemplo más consistente de este separatismo en Estados Unidos sea la comunidad amish. Pero, en menor grado, muchos evangélicos, que anhelan la venida del Señor para aplastar cataclísmicamente este mundo depravado y marcar el comienzo del reinado de 1000 años del Rey Jesús, operan dentro de este paradigma.

¿Cómo debemos valorar el paradigma de Cristo *contra* la cultura? Ciertamente podemos apreciar su dimensión antitética (después de todo, ciertamente existe una antítesis entre lo piadoso y lo impío). Sin embargo, la antítesis legítima en la Biblia no es entre Cristo y la cultura como tal. Para empezar, el mundo no es la cultura. El término *mundo* en la Biblia denota a menudo (no siempre) el sistema malvado de la historia inspirado por Satanás y en rebelión contra Dios; a veces *mundo* significa simplemente el orden creado, ya sea bueno o malo. La cultura es lo que el hombre hace del mundo en este último sentido. Cuando *mundo* se entiende como la rebelión del hombre (como ocurre con frecuencia en 1 Jn, por ejemplo), debemos estar en contra del mundo, pero no debemos estar en contra de la cultura como tal.

El problema no es la cultura, sino la cultura *pecaminosa*. El problema no es, por ejemplo, la política y la economía y la ciencia y la tecnología y la ópera y el cine y Hollywood, sino *la* política *pecaminosa*, la economía *pecaminosa*, la ciencia *pecaminosa*, etcétera. El paradigma *separatista* comete a menudo el error de confundir la ética (el bien y el mal) con la ontología (el ser). El problema del hombre no es el mundo como tal, ni la cultura como tal, sino un mundo y una cultura pecaminosos.

Hay una segunda y fatal objeción a este paradigma. El pecado no es solo un problema de la cultura; el pecado es un problema de todos, incluidos los cristianos. Separarse de la cultura porque es pecaminosa exigiría lógicamente separarse de uno mismo, ya que todos somos pecadores. En realidad, esta es la razón por la que algunos de los que sostienen el punto de vista separatista también enseñan el perfeccionismo: el objetivo (alcanzable) de la vida cristiana es la impecabilidad. Irónicamente, casi nunca sugieren que esta sea una meta para la cultura. La cultura no puede perfeccionarse; por tanto, debemos abandonarla. Sin embargo, el individuo (enseñan) puede ser perfeccionado, por lo que debe avanzar hacia la impecabilidad.

Pero la Biblia no enseña la perfección sin pecado, ni en la iglesia ni en la cultura (1 Jn 1:8), y si nuestro objetivo como individuos es la santificación del pecado, ¿por qué no habría de serlo también para la cultura?

Cristo de la Cultura

El polo opuesto de Cristo contra la cultura es el paradigma de Cristo *de* la cultura. Este paradigma se identifica a menudo con el liberalismo protestante, pero tiene profundas raíces en la historia de la Iglesia, remontándose a varios de los padres de la Iglesia. Es la idea de que todos los humanos comparten una cultura común y que, puesto que el cristianismo es la cumbre espiritual hacia la que apuntan los mejores elementos de la cultura humana, los cristianos están llamados a encontrar e identificarse con los elementos comunes de la cultura que rodea tanto a creyentes como a incrédulos. En el mundo antiguo, esto significaba encontrar puntos de contacto con la filosofía griega pagana. En épocas más recientes, el punto en común cultural ha incluido el naturalismo, el cientificismo y la bondad inherente del hombre.

Podríamos llamar al paradigma de Cristo *de la* cultura el «paradigma *acomodacionista*». Este paradigma ve a Dios actuando en casi todo el mundo. ¿No dice la

Biblia que el mundo en toda su plenitud pertenece a Dios (1 Co 10:26, 28)? ¿No estableció Jesús el Reino de Dios en la tierra? ¿No están todos los seres humanos hechos a imagen de Dios? En lenguaje teológico, ¿no es Dios inmanente (aquí), no meramente trascendente (lejano)? Pocos cristianos se negarían a responder *sí* a estas preguntas, pero la cuestión más importante es hacia dónde lleva el paradigma acomodacionista esta respuesta afirmativa. Hace cien años, un joven teólogo liberal, Karl Barth, dio la espalda a ciertos aspectos (ni mucho menos a todos) del liberalismo y se convirtió en neo-ortodoxo debido a este paradigma. Se escandalizó cuando muchos de sus profesores en Alemania se pronunciaron a favor de la política bélica del Kaiser alegando que Dios estaba actuando en las aspiraciones militares de Alemania. Barth llegó a creer que Dios no podía acoplarse a los programas del hombre ni engranarse en la cultura. En este punto, estaba en lo cierto.[17]

En los últimos años, el paradigma del Cristo *de* la cultura, identificado con el liberalismo teológico, se ha alistado para aplaudir y apoyar todo, desde el movimiento por los derechos civiles a la liberación de la mujer, pasando por la revolución marxista en Latinoamérica, el derecho al aborto o el «matrimonio» entre personas del mismo sexo. Se trata de cambios progresistas en la cultura occidental, y los cristianos acomoda-cionistas detectan la mano de Dios presionando a toda la cultura en la dirección que Dios quiere, sobre todo si esa dirección es políticamente progresista.

El talón de Aquiles del paradigma acomodacionista es ulteriormente fatal para el cristianismo bíblico: no tiene en cuenta el pecado humano como debería. Jesús no vino a la tierra principalmente para dar ejemplo de lo mejor que puede ofrecer la humanidad. Vino a mo-rir por nuestros pecados. La cultura tal y como existe en la actualidad nunca es un barómetro fiable de una humanidad ejemplar, por la sencilla razón de que los pecadores tienden a crear una cultura pecaminosa. El tipo correcto de cultura es posible cuando el pecado y sus efectos han sido mitigados por el poder del evange-lio. Sin embargo, enredar al cristianismo en la cultura humana tal y como esta se encuentra en su estado na-tural, sin una crítica bíblica radical, es comprometer las normas de Dios para la cultura.

Esto es precisamente lo que ha ocurrido en todas partes donde ha prevalecido el paradigma del Cristo *de* la cultura. El liberalismo teológico simplemente mira a la cultura circundante y bautiza sus normas depravadas. Así es como el liberalismo nos da categorías tan repug-nantes como los homosexuales ordenados, la teología marxista de la liberación y la proelección «cristiana». Si no nos tomamos en serio el pecado humano y, en cambio, consideramos normativa la cultura humana como tal, al final perdemos todo lo distintivamente cristiano. Esto es precisamente lo que ha hecho el paradigma del Cristo *de* la cultura.

Cristo por encima de la cultura

El siguiente paradigma es el de Cristo *por encima de* la cultura. Fue articulado (aunque no en ese lenguaje) por Tomás de Aquino, y a menudo se identifica con el catolicismo romano. El paradigma de Cristo *por encima de* la cultura ve tanto el bien como el mal en la cultura, pero entiende la cultura (y muchas otras cosas) según una distinción entre la naturaleza y la gracia. La naturaleza (en esta definición) es lo que Dios da en la creación; por ejemplo, la razón natu- ral y otras capacidades humanas inherentes. La gracia, en cambio, es una dotación sobrenatural especial. «Por nuestras capacidades naturales aramos la tierra, nos casamos y formamos familias, alcanzamos diversos tipos de felicidad terrenal. Pero para alcanzar nuestro propósito más elevado, un propósito sobrenatural, necesitamos la gracia de Dios».[18] El hombre es receptor tanto de dones naturales como sobrenaturales. Cultiva la naturaleza y de este modo introduce la gracia en la cultura. La gracia es algo que se añade a la naturaleza para convertirla en algo más grande y especial de lo que es.

Quizá deberíamos llamar al paradigma de Cristo *por encima de* la cultura el «paradigma de *perfectibilidad*». La naturaleza (o la creación) es un reino autónomo. Puede funcionar perfectamente sin Jesús y la Biblia en sus propios términos, y es agradable a Dios por lo que hace; pero necesita a Jesús y la Biblia para elevar al hombre al nivel *más alto* de agradar a Dios. La naturaleza es el pastel blanco de boda, pero necesita el glaseado de chocolate para que resulte más agradable a los invitados a la recepción cultural. La cultura puede ser magnífica sin Jesús y la Biblia, pero no puede ser *todo* lo que Dios quiso que fuera. Este paradigma es superficialmente atractivo. La gracia ciertamente perfecciona la naturaleza. Necesitamos más que la naturaleza para alcanzar lo que Dios pretende para nosotros. Sin embargo, el paradigma de la perfectibilidad comete un grave error: su suposición de que la naturaleza (revelación natural) es válida sin Jesús y la Biblia (revelación especial). La Biblia no describe la naturaleza como esencialmente virgen y simplemente necesitada de la ayuda de la gracia para alcanzar su máximo potencial. Al «arar la tierra, casarnos y formar una familia, [y] lograr diver-

sos tipos de felicidad terrenal», necesitamos a Dios, a
Cristo y a la Biblia no menos de lo que los necesitamos
en la iglesia. La gracia no es un suplemento de la naturaleza ni de la cultura.[19] Toda la vida humana debe vi-
virse para la gloria de Dios y en sus términos explícitos
revelados en Jesucristo y en la Biblia. Cristo no debe ser
meramente el objetivo de la cultura; debe ser su fundamento mismo. Esto quiere decir que no podemos tener
una comprensión verdaderamente adecuada de ningún
aspecto de la vida en nuestro mundo pecador aparte
de Jesús y la Biblia. Podemos conocer muchas cosas de
la creación, pero no podemos conocerlas como deberíamos. Necesitamos la revelación de Dios tanto en su
Hijo como en su Palabra para saber lo que necesitamos
para vivir en este mundo. Necesitamos la *sobre*naturaleza para vivir en la naturaleza. En otras palabras, aunque
la naturaleza y la gracia no son idénticas, en nuestro
mundo pecaminoso nunca pueden separarse.

Cristo y la cultura en paradoja

Si el paradigma de Cristo *por encima de* la cultura es
moneda corriente entre los católicos romanos, Cristo
y la cultura en *paradoja* se considera una opción viable
entre muchos protestantes conservadores, especialmente luteranos, pero también cada vez más reformados. A

menudo es un correlato de la visión de los «dos reinos».
Los dos reinos son (en esencia) la Iglesia y el mundo
(incluida la cultura). Dios gobierna ambos, pero los gobierna de maneras diferentes. Gobierna la Iglesia mediante su Palabra, su Espíritu y su evangelio; gobierna
el mundo mediante la providencia de sus leyes naturales. La iglesia es sagrada, la esfera del Evangelio; el
mundo es secular, la esfera de la ley (natural). El mundo está bajo la autoridad de Dios, pero Él ejerce esa autoridad de forma diferente a como lo hace en la iglesia.
El Evangelio es radicalmente distinto de la ley, la Iglesia
del mundo y lo secular de lo sagrado. Por lo tanto, los
criterios espirituales son diferentes para la Iglesia y la
cultura. El cristiano opera dentro de ambas. Pero opera
de forma muy diferente en cada una.

Otra forma de entender esta diferencia entre los dos
reinos es: reino especial y reino común. El reino especial es distintivamente cristiano. El reino común es
común a todas las personas. El reino común no puede
tener normas distintivamente cristianas porque no está
poblado distintivamente por cristianos. «Lutero [...]
discernió que las normas a seguir en la vida cultural
eran independientes de la ley cristiana o eclesiástica».[20]
Está bajo la autoridad de Dios, pero no está bajo su
autoridad redentiva. Está bajo la ley natural, la ley de

Dios en la naturaleza, pero no la ley sobrenatural, su ley en la Biblia. Es un caso de ley natural (ley común, podríamos decir) frente a la ley bíblica (o ley especial).

El reino común no puede ser redimido —y no debería serlo— porque no es de eso de lo que trata el reino común. El reino común trata de una coexistencia comparativamente fluida entre cristianos y no cristianos.

Hay otra forma de entender a Cristo y la cultura en *paradoja*, y llega al corazón de su distintivo. El cristiano sabe que la cultura es a menudo mala, y sin embargo debe vivir dentro de esta cultura. De hecho, esta cultura está dentro de él mismo. Él —el propio cristiano— es, en palabras de Lutero, simultáneamente impío *y* piadoso, malvado *y* justificado, pecador *y* sin pecado. El cristiano necesita una forma de vivir en el mundo que dé cuenta de la *dualidad ética* de su propia condición. Esto es lo que intenta hacer Cristo y la cultura en *paradoja*. No es solo un paradigma sobre el cristiano en la cultura. También es un paradigma sobre ser cristiano en el mundo.[21] La paradoja es que, aunque estaría bien seguir el paradigma *separatista*, sabemos que no podemos ni debemos escapar de este mundo en el que Dios nos ha colocado. Y sin embargo, no podemos simplemente identificarnos con el mundo o su cultura (como en el paradigma *acomodacionista*) ya que a menudo son pecaminosos. Tampoco podemos decir que la naturaleza está bien hasta donde llega pero que necesita a Jesús y la Biblia para ir más allá (como en el paradigma *perfectibilista*) ya que la cultura es tan malvada que es irredimible. ¿Cómo vivimos entonces, como personas piadosas e impías, en este mundo piadoso e impío? Mediante el método de los dos reinos. Vivimos como piadosos e impíos a la vez pero en dos ámbitos o reinos.

Se trata de una existencia paradójica, y podríamos abreviar este punto de vista como «el paradigma *paradójico*».

Hay varios problemas con este paradigma. En primer lugar, «las Escrituras nunca hablan de leyes naturales en el sentido de fuerzas impersonales a través de las cuales Dios actúa».[22] Aunque la naturaleza no es una supernaturaleza, incluso en ella la mano de Dios actúa siempre y de forma directa. La soberanía de Dios ejercida *tanto* dentro *como* fuera de la Iglesia es la de un cuidado continuo, amoroso, justo e inmediato.

En segundo lugar, en palabras de Niebuhr, «quedan grandes tensiones [para este paradigma], ya que la técnica y el espíritu se interpenetran, y no son fáciles de distinguir y recombinar en un solo acto de obediencia a Dios».[23] Dicho de otro modo: no es fácil actuar como cristiano en la familia y en la Iglesia y como no cristiano en la cultura. Son dos formas muy diferentes de vivir —de ser— y tratar de vivir de ambas maneras en momentos y situaciones diferentes supone una carga onerosa (yo sugeriría que imposible) para el cristiano. No fuimos diseñados para quitarnos el sombrero cristiano cuando entramos en la cultura.

Pero lo más importante es que Dios no establece dos normas de justicia divergentes, una en la Iglesia y otra en el mundo. Cristo y la cultura en *paradoja* sostiene que la Biblia no es una norma apropiada para el mundo o la cultura, el ámbito «natural» o común. Por ello, los creyentes no deben intentar cristianizar la cultura. El cristianismo (el Evangelio y la Biblia) gobierna la Iglesia; la ley natural gobierna el mundo. En contraste con este paradigma, debemos oponernos a los intentos de aislar la naturaleza de la revelación especial, la Biblia.[24] La Palabra de Dios gobierna todas las cosas, no solo la familia y la Iglesia. Su Palabra habla a toda la vida.[25]

El paradigma paradójico trata de dar una valoración realista del desafío de la existencia de los cristianos en el mundo, pero no ofrece una resolución bíblica a ese desafío.

Cristo transformador de la cultura

El paradigma final, que Niebuhr remonta históricamente a Agustín, es Cristo *transformador* de la cultura. Este paradigma no es difícil de entender. La cultura es ciertamente pecaminosa, pero los cristianos trabajan mediante el evangelio y el poder del Espíritu Santo y la Palabra de Dios para transformar gradualmente esa cultura y conformarla a las normas cristianas. Su apodo es el paradigma *transformador*.

A diferencia del paradigma de Cristo *contra* la cultura, no ve la cultura como irremediablemente depravada o como irreversiblemente condenada, sino como un objeto legítimo de cristianización. A diferencia del punto de vista de Cristo *de* la cultura, plantea la cultura típica («natural») no como normativa sino como pecaminosa y necesitada de redención. A diferencia del paradigma de Cristo *por encima de la* cultura, niega el esquema naturaleza-gracia y sostiene que la gracia (la revelación sobrenatural de Jesucristo y su Palabra) no es menos necesaria en los ámbitos ordinarios y «naturales» de la vida que en la Iglesia. Por último, a diferencia de Cristo y la cultura en *paradoja*, repudia un dualismo que aísla el Evangelio de la ley, la Iglesia del mundo y lo secular de lo sagrado.

Cristo, *transformador* de la cultura, insta a los cristianos a trabajar por el poder del Espíritu Santo, por la declaración del evangelio, por la práctica de la oración y por la fidelidad a la Biblia para cambiar gradualmente una cultura pecadora y rebelde en una justa y sumisa, aunque este cambio nunca será completo antes del estado eterno. Eso sería una forma de triunfalismo injustificado, y no se tomaría el poder del pecado tan en serio como debería. Este paradigma tampoco implica moralismo, intentar salvar al mundo aparte de la gracia de Dios en Jesús.

Cristo *transformador* de la cultura, tampoco significa que la cultura no pueda cristianizarse salvo mediante una expresión explícitamente cristiana: «Aplicar normas cristianas al arte [...] no significa que debamos convertir nuestras obras artísticas en tratados de salvación»; «Un enfoque transformador no significa que cada actividad humana practicada por un cristiano (por ejemplo, la fontanería, la reparación de automóviles) deba ser obviamente, externamente diferente de las mismas actividades practicadas por los no cristianos».[26] Reconocemos la gracia común de Dios, que Dios da sus dones culturales tanto a los cristianos como a los no creyentes, y los creyentes se benefician inconmensurablemente de los dones de los no creyentes (véase el capítulo 2).

Pero el paradigma transformacional significa, sencillamente, «que los cristianos deben tratar de transformar la cultura según las normas de la Palabra de Dios».[27] Significa que Dios nos llama a trabajar activamente con la creación de forma incremental para restablecer sus normas en toda la tierra.

La Biblia nos presenta implícitamente una teología para llevar a cabo esta tarea.

Notas al capítulo uno

[1] John M. Frame, *The Doctrine of the Christian Life* (Phillipsburg, Nueva Jersey: P & R, 2008), 854. Estoy en deuda con Frame por su análisis del debate sobre Cristo y la cultura. Ofrecí una interpretación de sus puntos de vista en su *festschrift*: P. Andrew Sandlin, «Frame's Unique Contributions to the Christ-and-Culture Debate», en *Speaking the Truth in Love*, John J. Hughes, ed. (Phillipsburg, Nueva Jersey: P & R, 2009), 833-854.

[2] Christopher Dawson, *The Historic Reality of Christian Culture* (Londres: Routledge y Kegan Paul, 1960).

[3] Peter Gay, *The Age of Enlightenment* (Nueva York: Time-Life, 1966).

[4] Para un tratamiento comprensivo de uno de los principales enemigos recientes de la cristiandad, y el más penetrante de los externos, adobado tanto en la Ilustración como en el Romanticismo, véase Peter Gay, *Modernism: The Lure of Heresy* (Nueva York y Londres: W. W. Norton, 2008).

[5] Dale R. Bowne y John D. Currid, «Biblical Society: A Covenantal Society», en *Building a Christian Worldview*, W. Andrew Hoffecker y Gary Scott Smith, eds.

(Phillipsburg, Nueva Jersey: Presbyterian and Reformed, 1988), 2:157-171.

[6] Véase Rodney Stark, *The Rise of Christianity* (Princeton, Nueva Jersey: HarperCollins, 1996), capítulos 7 y 9.

[7] Charles Norris Cochrane, *Christianity and Classical Culture* (Nueva York: Oxford University Press, 1957), 178.

[8] Christopher Dawson, *The Making of Europe* (Londres; Sheed & Ward, 1948), 88.

[9] Christopher Dawson, *The Formation of Christendom* (Nueva York: Sheed & Ward, 1967), 182.

[10] Christopher Dawson, *Progress and Religion* (Peru, Illinois: Sherwood Sugden, s. f.), 166.

[11] Dawson, *Formación*, 129, 216.

[12] Jaroslav Pelikan, *The Riddle of Roman Catholicism* (Nashville, Tennessee: Abington Press), 45-57.

[13] Frederick A. Norwood, *Strangers and Exiles* (Nashville y Nueva York: Abington, 1969), 191-206.

[14] H. Richard Niebuhr, *Christ and Culture* (Nueva York: Harper & Row, 1951).

[15] Niebuhr, *Christ and Culture*, 49.

[16] Robert Friedmann, *The Theology of Anabaptism* (Scottsdale, Pennsylvania: Herald Press, 1973).

[17] Eberhard Busch, *The Great Passion* (Grand Rapids: Eerdmans, 2004), 19.

[18] Frame, *The Doctrine of the Christian Life*, 869.

[19] Incluso antes de la Caída, el hombre necesitaba una revelación sobrenatural. Y aunque no existía la gracia redentora, ciertamente existía la gracia, definida como el favor de Dios. Véase Cornelius Van Til, «Naturaleza y Escritura», en *The Infallible Word*, N. B. Stonehouse y Paul Woolley, eds. (Filadelfia: Presbyterian Guardian, 1946), 255-275.

[20] Niebuhr, *Christ and Culture*, 174.

[21] *Ibídem*, 159-170.

[22] Frame, *The Doctrine of the Christian Life*, 870-871.

[23] Niebuhr, *Christ and Culture*, 177.

[24] Aunque no tenemos por qué oponernos al papel de la naturaleza en la formación de la cultura cristiana, en armonía con la Biblia.

[25] Emplear la revelación especial como norma para la cultura no implica la imposición coercitiva (política) del cristianismo a los no creyentes. Sin embargo, sí requiere que los cristianos actúen culturalmente de forma distintivamente cristiana e intenten aplicar pacíficamente las normas de la Biblia en el mundo.

[26] Frame, *The Doctrine of the Christian Life*, 874.

[27] *Ibídem*, 873.

CAPÍTULO 2:

La teología de la cultura cristiana

S i queremos entender la teología de la cultura cristiana, tenemos que ir a la principal fuente de teología: la Biblia.[1] Y si vamos a la Biblia, tenemos que ir a donde empieza la Biblia: en el Génesis. La razón por la que la Biblia comienza en Génesis 1:1 y no en Juan 3:16 es porque el evangelio presupone una cosmovisión.[2] No se puede entender «Jesús salva» si no se entiende quién es Dios, por qué está aquí el mundo, qué es el pecado y cómo se relaciona Dios con el hombre. El Génesis es el fundamento de la cosmovisión cristiana, y por eso cualquier desestimación o ataque a la integridad del Génesis y su relato histórico socava el evangelio de Jesucristo, aunque sean conservadores declarados los que hagan la desestimación o ataquen. La teología de la cultura cristiana, como todo lo demás, comienza en el Génesis.

La cultura cristiana puede haber germinado en el antiguo Israel, pero Dios plantó las semillas —literalmente— en el huerto del Edén. Dios creó al hombre a su imagen y semejanza a partir del polvo de la tierra. Creó al hombre para que tuviera comunión con él. Pero esa comunión no fue suficiente para el hombre. Debemos afrontar de frente las implicaciones de la enseñanza bíblica de que Dios solo no era suficiente —y nunca se pretendió que lo fuera— para Adán (Gn 2:18s.).[3] Adán seguía solo, incluso en comunión con Dios, así que Dios creó del propio costado del hombre a otro ser humano hecho a su imagen, una mujer, una compañera de vida digna de él, a la vez semejante a Adán y diferente de él. Con Eva, el hombre estaba finalmente completo.

El mandato cultural

Adán y Eva no fueron creados simplemente para tener comunión con Dios. También fueron creados para ejercer un dominio piadoso sobre el resto de la creación, para servir como administradores de Dios sobre la tierra. Debían ser, en el lenguaje de Stephen Perks, los «vicegerentes» de Dios.[4] Eran sus representantes reales, mediadores de la voluntad de Dios ante el equilibrio de la creación. Leemos en Génesis 1:26-28:

> Y dijo Dios: «Hagamos al hombre a Nuestra imagen, conforme a Nuestra semejanza; y ejerza dominio sobre los peces del mar, sobre las aves del cielo, sobre los ganados, sobre toda la tierra, y sobre todo reptil que se arrastra sobre la tierra». Dios creó al hombre a imagen Suya, a imagen de Dios lo creó; varón y hembra los creó. Dios los bendijo y les dijo: «Sean fecundos y multiplíquense. Llenen la tierra y sométanla. Ejerzan dominio sobre los peces del mar, sobre las aves del cielo y sobre todo ser viviente que se mueve sobre la tierra».

Destacan tres verdades primordiales.

En primer lugar, el dominio y la administración de la creación es la principal vocación terrenal del hombre. La vocación básica del hombre es glorificar a Dios y disfrutar de él para siempre (en palabras del Catecismo Menor de Westminster), pero su vocación principal en lo que respecta a la *tierra* es someterla para la gloria de Dios.

En segundo lugar, esta comisión se da al hombre y a la mujer por igual. La mujer no está menos obligada a administrar la creación de Dios que el hombre, la esposa que el marido. Es decir, el hombre y la mujer han sido encargados de ser covicegerentes, socios en la tarea dada por Dios de administrar la tierra para la gloria de Dios.

En tercer lugar, Dios encarga a este hombre y a esta mujer que se multipliquen: que conciban y den a luz hijos. El fundamento de este mandato parece claro. La Tierra es un lugar grande y Dios necesita mucha gente para administrarla. Por eso encarga a Adán y Eva que «se multipliquen». No les dice cuántos hijos deben tener, pero sí establece la expectativa de que tendrán hijos. Dios abre y cierra el útero (Is 66:9), pero la negativa intencionada a tener hijos cuando un matrimonio puede hacerlo es un acto de desobediencia primordial al plan de Dios para la creación.

El primer acto de dominio que Dios impuso a Adán fue poner nombre a los animales (Gn 2:19-20). En la cultura moderna, nombrar ha perdido su significado anterior. Nombrar es imponer la propia autoridad. Los padres son los únicos que pueden nombrar a sus hijos, porque Dios los ha establecido como autoridad subordinada en la vida de sus hijos. Si Adán y Eva iban a administrar a los animales, necesitaban llamarlos de alguna manera, así que para actuar como portador de la imagen rectora de Dios, Adán les puso nombre.

Este fue el primer acto de dominio en mayordomía del hombre.

Esta tarea primordial se ha denominado «mandato cultural». El hombre interactúa con la creación de Dios para imponerle amorosamente su voluntad. El hombre no deja la creación tal y como es. Interactúa con la creación, añadiendo la creatividad y el ingenio que Dios le ha dado, para mejorarla. Esto significa que aunque la creación tal y como salió de la mano de Dios era «buena en gran manera» (Gn 1:31), no era todo lo que Dios pretendía que fuera. En resumen, la creación no es suficiente; Dios también quiere cultura. Al igual que el hombre debía crecer y madurar en devoción y obediencia a Dios, la creación misma debía crecer y madurar bajo la guía del hombre. Dios no creó los árboles frutales simplemente para que el hombre admirara el fruto; el fruto (de todos los árboles menos uno) debía comerse. Los caballos no eran simplemente para contemplarlos; debían utilizarse para el transporte humano. El agua no era para ser meramente contemplada; debía utilizarse para el consumo y la limpieza y el baño. Es decir, la creación, incluido el propio hombre, no debía ser estática, sino dinámica. Detectamos ese dinamismo incluso en la lengua española. El hombre cultiva la creación. *Cultura* significaba originalmente labrar y cultivar la tierra.[5] Pasó a denotar la mejora humana de la tierra de Dios. El mandato cultural de Génesis 1 requiere que el hombre (y la mujer) cultiven la creación para la gloria de Dios. Ya sea labrando la tierra o escribiendo código informático o fabricando automóviles o invirtiendo fondos de inversión o enseñando a los niños o pintando retratos o vendiendo seguros de vida, los seres humanos deben cultivar la creación para la gloria de Dios. «La cultura», escribe H. Henry Meeter,

> es la ejecución de este mandato divinamente impuesto. En su tarea cultural el hombre debe tomar las materias primas de este universo y someterlas, hacerlas servir a su propósito y llevarlas a niveles más nobles y elevados, sacando así a la luz las posibilidades que se ocultan en la naturaleza. Una vez desarrollado así, el hombre debe poner todo su producto cultural, toda la creación, a los pies de Aquel que es Rey del hombre y de la naturaleza, a Cuya imagen han sido creados el hombre y todas las cosas.[6]

El mandato cultural, por tanto, es un acto ineludiblemente religioso.[7] Fue establecido por Dios y debe operar bajo su autoridad. La idea de que la cultura pueda ser válidamente no religiosa es una contradicción de términos. No puede haber neutralidad cultural. Toda cultura funciona en función de los supuestos religiosos subyacentes de sus cultivadores: «Los modeladores de la cultura», escribe Joe Boot, «cultivan las mentes de los demás con una cosmovisión específica en mente».[8] La cultura es la religión exteriorizada.[9] La pregunta es, ¿la religión de quién?

La noción misma de que pueda haber neutralidad cultural surge a causa del pecado. Y debemos preguntarnos inmediatamente, ¿cómo afecta el pecado al mandato cultural?

El mandato cultural y el pecado

Cuando Adán y Eva pecaron, se establecieron como autoridades independientes y rivales de Dios. Dijeron implícitamente: «Hágase *mi* voluntad en la tierra». Pero no perdieron su impulso de crear cultura.

De hecho, su primer acto tras pecar fue un acto cultural: crear hojas de higuera para ocultar la vergüenza de su desnudez (Gn 3:7). Para ello tuvieron que arrancar hojas. Tuvieron que encontrar una vid o algún otro hilo natural para coser los higos en delantales. Tuvieron que arreglar las hojas para que se ajustaran a sus cuerpos. Estos son actos *culturales* donde los haya. Estos actos culturales se llevaron a cabo para cubrir su pecado

—literalmente—. Por la misma razón no debería sorprendernos que la cultura estuviera en la raíz del primer asesinato de la historia humana (Gn 4). Caín cultivaba [!] la tierra, mientras que Abel cuidaba las ovejas: ambos actos culturales. Cuando Dios aceptó la ofrenda de ovejas de Abel pero no la ofrenda de plantas de Caín (que aparentemente violaba el mandato de Dios), Dios rechazó el sacrificio de Caín. Por envidia, Caín asesinó a su hermano. ¿Por qué? Por los productos de la cultura.

Estos episodios nos llevan a una idea sorprendente: el pecado no elimina el mandato cultural; solo lo pervierte. El impulso al dominio está entretejido en la naturaleza misma del hombre. Dios hizo al hombre para ser una criatura de dominio. El hombre es un creador de cultura. Denle palos de madera y piel de animal, y hará un tambor y un ritmo. Denle pigmento y pelo y una superficie plana, y hará pinceles y una pintura. Denle metal afilado y árboles y hará una cabaña. Permítale desarrollar herramientas sofisticadas y tecnología, y hará un iPhone, una sinfonía de cuatro movimientos y una ojiva termonuclear. El hombre es una criatura cultural; Dios lo hizo así. Pero cuando el hombre pecó, pervirtió este don de la cultura en una herramienta para su propia independencia que desafiaba a Dios.

¿Significa esto que Dios abandonó el mandato cultural para los piadosos? De ninguna manera, ya que en Génesis 9:1-4, después del Diluvio universal, Dios volvió a enunciar a Noé el mandato edénico que encargó originalmente a Adán y Eva. Sin embargo, el pecado introdujo dos modificaciones. En primer lugar, a causa del pecado, el hombre sufriría las penurias propias de una creación bajo la maldición. El trabajo del hombre sería agotador; el parto de la mujer sería doloroso (Gn 3:16-19). El mandato cultural sería un trabajo duro.

En segundo lugar, para que el mandato cultural fuera lo que Dios pretendía, el hombre tendría que ser redimido y limpiado de su pecado. El primer acto implícito de expiación en la Biblia fue cuando Dios hizo pieles para cubrir la desnudez de Adán y Eva (Gn 3:21). Para ello tuvo que derramar la sangre de un animal. Las hojas de higuera no bastarían para cubrir su vergüenza. Solo el producto del derramamiento de sangre podía hacerlo. Este acto (¡cultural!) señalaba el único sacrificio final y duradero de Jesucristo, cuya sangre derramada en la Cruz puede eliminar por sí sola la culpa y la contaminación del pecado (He 9:13-14).

Cuando el hombre pecador es redimido, se le devuelve su lugar original como vicegerente de Dios sobre la creación. Por eso Dios volvió a encomendar su misión a Noé y a sus descendientes. Dios no abandonó su plan cultural para la tierra; lo re-emitió a un pueblo recién redimido. «Debido a las consecuencias expiatorias de la cruz», escribe Scott J. Hafemann, «Dios cumple por fin su misión de revelar su gloria mediante la (re) creación de un pueblo que ejercerá el dominio en su nombre guardando sus mandamientos».[10]

Esta es *nuestra* vocación como pueblo de Dios, lavado en la sangre del Señor.

Somos su pueblo de dominio, la nueva humanidad de nuestro Señor.

El mandato cultural y la antítesis

Pero esta nueva humanidad introduce una nueva situación cultural. La tierra está poblada ahora por dos tipos de humanos, ambos hechos a imagen de Dios, ambos comprometidos con el mandato cultural: los adoradores del Creador frente a los adoradores de las criaturas (Ro 1:25). Seguimos viviendo en una tierra, pero dos tipos de personas ejercen una influencia cultural en esa tierra. Esta situación cambiada es *el* conflicto que encontramos sin importar dónde miremos: los piadosos y los impíos, ambos portadores del impulso de dominio, cultivando implacablemente la tierra, los primeros para la gloria de Dios, los segundos para la gloria del hombre.[11] Este conflicto se representa en el gran teatro de la vida en todas las dimensiones: en la educación (escuelas cristianas y escuelas en casa frente a escuelas estatales seculares y humanistas), en el arte (por ejemplo, la pintura que honra a Dios de Miguel Ángel frente a la pintura que desafía a Dios de Picasso), en la música (la música virtuosa de Bach frente a la música rebelde de Lady Gaga), en la vocación (el modelo de pacto de la relación empleador-empleado frente al modelo patronal-sindical del marxismo), en los deportes (el juego que glorifica a Dios de Albert Pujols frente al juego que glorifica al hombre de Muhammad Ali), en la política (la libertad descentralizada bajo la ley frente al estatismo mesiánico centralizado), en la crianza de los hijos (la sabiduría bíblica de los Proverbios frente a la sabiduría humanista de los psicólogos infantiles seculares), en la economía (los virtuosos mercados libres frente al vicioso intervencionismo mesiánico), incluso en la Iglesia (la fe bíblica y llena del Espíritu frente a la religión acomodaticia y existencialista, «predicando el nuevo protestantismo [liberal] en la vieja iglesia [ortodoxa]»[12]), y en cualquier otra esfera, en todo el espectro de la vida. «No puede haber apaciguamiento», declara Cornelius Van Til, «entre quienes presuponen en todo su pensamiento al Dios soberano y quienes presuponen en todo su pensamiento al aspirante a hombre soberano. No puede haber otro punto de contacto entre ellos que el de una colisión frontal».[13] Los grandes conflictos humanos son siempre los conflictos entre los adoradores del Creador frente a los adoradores de la criatura sobre cómo ejercerán el dominio, cómo crearán la *cultura* en la tierra. Estas dos formas de cultura, por supuesto, son radicalmente diferentes cuando se les permite perseguir sus propios principios internos. Esta es la razón por la que la música de Wagner es dramáticamente diferente de la de Bach, por la que las pinturas de Picasso se distinguen instantáneamente de las de Miguel Ángel, por la que el campus de la Universidad de Chicago nunca se confundiría con el del Wheaton College, por la que las transacciones económicas en el Moscú de los años 50 eran tan dramáticamente diferentes de las de la ciudad de Nueva York. Y así sucesivamente. Cuando se les da la oportunidad, los adoradores de la creación crean una cultura enormemente diferente de la de los adoradores del Creador

La antítesis y la gracia común

La buena noticia es que Dios rara vez da a los adoradores de la creación una oportunidad totalmente libre. De hecho, así es como se explican las expresiones de cultura impresionantes y aparentemente dignas de Dios creadas por personas *impías.* ¿Cómo pudo Leonardo da Vinci pintar *La Última Cena* siendo probablemente un sodomita? ¿Cómo pudo Steve Jobs crear dispositivos tecnológicos tan beneficiosos siendo un budista obsesionado consigo mismo? ¿Cómo pudo Michael Jordan ejecutar hazañas tan asombrosas con la madera dura siendo al mismo tiempo un jugador de apuestas altas y negándose a dar nunca la gloria a Dios? La respuesta es que Dios no concede sus dones culturales solo a su pueblo redimido. Envía la lluvia y el calor del sol tanto a los justos como a los injustos (Mt 5:45). Dios es bondadoso incluso con los que desdeñan su bondad. Los incrédulos fueron creados a imagen de Dios y no pierden esta imagen. Puede que se desdibuje, pero no se borra. Y esta imagen divina resplandece a menudo en sus productos culturales a pesar de su propio pecado. Llamamos a esto la gracia común de Dios.[14] Hay que distinguirla de su gracia especial o redentora. Esta última gracia solo se muestra a quienes confían en su

Hijo Jesús para la salvación. Pero Dios derrama su gracia común (o providencial) sobre toda la humanidad.[15]

Dios está muy interesado en su creación, y no deja su cultivación solo en manos de los cristianos. El mandato cultural fue dado a la humanidad en su conjunto, no simplemente a un subconjunto de ella. Dios no retira su mandato cultural a los no creyentes; simplemente exige que lo cumplan para su gloria. Solo pueden hacerlo de forma coherente siendo cristianos, pero pueden hacerlo de forma incoherente por su gracia común.

No nos atrevemos a despreciar los buenos dones de Dios, incluso cuando proceden de gente muy mala. Y podemos —y debemos— glorificar a Dios por los productos culturales, incluso cuando nos llegan de la mano de gente impía.

Hace varios años, mi esposa Sharon y yo visitamos el Instituto de Arte de Chicago y nos maravillamos con la exposición de impresionistas visitantes que venía del Louvre de París. Monet, Manet y Van Gogh no eran cristianos, pero podíamos glorificar a Dios por el asombroso talento que les había concedido. Eran culturalistas que glorificaban a Dios a pesar de su falta de fe. La soberanía de Dios es mayor que el pecado del hombre, incluidas las expresiones culturales de su pecado. Mientras que Dios permitió a Picasso casi rienda suelta en su depravación artística (pornografía, por ejemplo), Dios mantuvo poderosamente bajo control la depravación de Manet y Van Gogh. Podemos y debemos glorificarle por su bondadosa soberanía al frenar su pecado y glorificarse a Sí mismo a pesar de ellos. Pueden crear productos culturales globales «solo tomando prestado un capital no reconocido de Dios».[16]

La gracia común también proporciona el fundamento bíblico para la colaboración entre piadosos e impíos en aspectos específicos de la vida. La Biblia exige la separación espiritual del pecado y de los impíos en casos concretos (Ef 5:3-13), pero no exige separarse de ellos en muchos actos culturales. No está mal contratar a un arquitecto secular para que diseñe su casa, recorrer el recinto político con un ama de casa hindú o reclutar a un adolescente de la Nueva Era para que le haga la pizza de pepperoni. La gracia común de Dios es su mecanismo para preservar la continuidad en la historia cultural.

Si tuviéramos que depender solo de los cristianos para pilotar todos los aviones, plantar y cosechar todos los arándanos, llevar todos los comestibles al mercado o escribir todo el software, el mundo se empobrecería enormemente. La cultura puede funcionar con relativa facilidad y productividad porque Dios es misericordioso tanto con los creyentes como con los incrédulos.

Esta gracia común no mitiga la antítesis. Por muchos pilotos de líneas aéreas no cristianos que entreguen a miles de pasajeros sanos y salvos cada día, hay, digamos, músicos no cristianos que producen e interpretan canciones que pervierten la sexualidad y atacan la moral cristiana y seducen no solo al mundo, sino también a los cristianos, alejándolos de la Fe. Estamos rodeados tanto de los productos beneficiosos de la gracia común de Dios como de los productos venenosos del pecado humano. Por eso necesitamos líneas guía que nos digan cómo diferenciar entre ambos.

Plan para el mandato cultural

Pero, ¿de dónde sacamos esas directrices? El cristiano sencillo suele responder a esta pregunta con más precisión que el cristiano más sofisticado: «Bueno, obtenemos nuestras directrices culturales donde obtenemos todas nuestras demás directrices, de la Biblia». La Biblia es la Palabra de Dios, y no es la Palabra de Dios solo en asuntos relacionados con la iglesia y la oración y la evangelización.[17] Mi padre me recordó una vez: «Jesús enseñó más sobre el infierno que sobre el cielo, y más sobre el dinero que sobre el infierno». El hecho es que la Biblia tiene mucho que decir sobre asuntos culturales, incluyendo instrucciones (su ley) sobre tales asuntos, tantas de hecho que uno casi parecería tener que esforzarse intencionadamente para perdérselas. La ley de Dios abarca temas culturales tan diversos como la comida, la cocina, la ropa, la limpieza personal, la política, la educación, la agricultura, la construcción, la música, el dinero, la economía, la guerra, la salud, el matrimonio, el crimen, la penología, el aborto, la homosexualidad, el abuso de sustancias y mucho, mucho más. El problema no es que la Biblia guarde silencio sobre los temas culturales. El problema es que muchos cristianos «leen alrededor» de estos temas o simplemente los ignoran o los consideran insignificantes. El hecho de que el Nuevo Testamento anule algunas de las leyes del Antiguo Testamento tampoco invalida mi punto. Ese punto es que la Biblia está bastante interesada en temas culturales, establece leyes sobre muchos de estos temas; y no podemos simplemente descartar toda esta categoría sin más.[18] Si la Palabra de Dios es vinculante, lo es en todo lo que dice, no simplemente en temas «espirituales», celestiales o no culturales. «Este libro [la Biblia], escribe Meeter, «además de enseñarnos el camino de la salvación, nos proporciona, por tanto, los principios que deben regir toda nuestra vida, tanto nuestro pensamiento como nuestra conducta moral. No solo la ciencia y el arte, sino nuestra vida hogareña, nuestros negocios, nuestros problemas sociales y políticos deben ser vistos y resueltos a la luz de la verdad escritural y caer bajo su dirección».[19]

Esto no significa que la Biblia pretenda proporcionar un suministro exhaustivo de conocimientos culturales. No nos dice el valor de *pi*, la duración del Imperio otomano, la receta de la mermelada de albaricoque, la fórmula del monóxido de carbono o los detalles del ADN humano. Pero sí establece los principios básicos en función de los cuales deben entenderse todos estos temas culturales y todos los demás, y sí establece la ley de Dios sobre muchos temas culturales concretos.

Tomemos uno de ellos para mostrar lo aplicable que es la ley de Dios en la cultura contemporánea. Leemos en Levítico 23:22:

> Cuando sieguen la cosecha de su tierra, no segarán hasta el último rincón de ella ni espigarán el sobrante de su cosecha; los dejarán para el pobre y para el extranjero. Yo soy el SEÑOR su Dios.

Dios exigió que los agricultores de su primera comunidad cultural a gran escala (Israel) no segaran sus campos hasta los bordes, y que no recogieran los restos de las cosechas después de haberlas cosechado comercialmente. Debían dejar los sobrantes a los pobres. A Dios le interesa una cultura que cuide de los pobres. Observe cuidadosamente que no estableció un programa de bienestar estatal confiscatorio para hacer esto. El programa de bienestar de Dios para combatir el hambre de la pobreza consistía en exigir que los agricultores dejaran alimentos para los pobres.

Ese principio del Antiguo Testamento nunca ha sido rescindido. ¿Cómo sería hoy? Significaría que los tenderos y los dueños de restaurantes invitaran a los pobres a llevarse su comida no vendida y pronto caducada. Significa que las farmacias deberían ofrecer los medicamentos sobrantes a los enfermos que no pueden pagarlos. Significa que las empresas de software ofrezcan shareware de versiones obsoletas pero utilizables de sus productos. Significa que los minoristas de teléfonos y equipos informáticos donen mercancía ligeramente defectuosa a los pobres. De estas y muchas otras maneras, la ley de Dios que rige la atención a los pobres se aplica en la cultura contemporánea.

El Nuevo Testamento nos invita a emplear el Antiguo Testamento de esta manera. En 1 Corintios 9:8-

10a Pablo instruye a la iglesia en el cuidado financiero de sus ministros:

> ¿Acaso digo esto según el juicio humano? ¿No dice también la ley esto mismo? Pues en la ley de Moisés está escrito: «No pondrás bozal al buey cuando trilla». ¿Acaso le preocupan a Dios los bueyes? ¿O lo dice especialmente por nosotros? Sí, se escribió por nosotros...

Llamo su atención sobre el sorprendente comentario de que Moisés escribió no solo por el bien de su audiencia judía original, sino por la audiencia más amplia que un día leería sus palabras: la Iglesia.[20] Pablo interpreta esa ley que prohíbe amordazar a los bueyes para aplicarla a los pastores de la iglesia: si trabajan (al igual que los bueyes en el antiguo Israel), deben ser remunerados por su labor. Esta es una de las formas en que Deuteronomio 25:4 tiene autoridad en el mundo moderno.

Deberíamos entender y aplicar Levítico 23:22 de forma similar. No fue escrito solo para los agricultores del Antiguo Testamento, como tampoco Deuteronomio 25:4 fue escrito solo para los dueños de bueyes. Se escribió para consagrar un principio[21] que debía aplicarse para siempre: Levítico 23:22 para la iglesia y Deuteronomio 25:4 para la cultura en general.

Esto plantea una cuestión interesante. ¿Se aplica la ley bíblica solo al pueblo de Dios o a todas las personas en todas partes? Pablo responde a esta pregunta con un rotundo: «Se aplica a todas las personas en todas partes»:

> Ahora bien, sabemos que cuanto dice la ley, lo dice a los que están bajo la ley, para que toda boca se calle y todo el mundo sea hecho responsable ante Dios (Ro 3:19).

Si todo el mundo es culpable de infringir la ley, es obvio que todo el mundo está sujeto a la ley.

No a toda la ley, por supuesto. El Nuevo Testamento deja claro en otros lugares que la categoría de leyes diseñadas para erigir una barrera entre judíos y gentiles (las prohibiciones alimentarias, por ejemplo) se han rescindido a medida que los gentiles han entrado en la comunidad del pacto global en pie de igualdad con los judíos (Hch 10:1-11:18). Las leyes culturales calculadas para mantener a Israel separado de los gentiles eran obviamente temporales.[22]

Pero las leyes que proporcionan alimentos a los pobres son leyes morales que no tienen relevancia para la división judío-gentil del Antiguo Testamento. Esas leyes, y otras similares, son de aplicación universal. Las

Escrituras (y sus leyes) son el plano fundacional del mandato cultural.

Revelación natural

¿Significa esto que la Biblia suministra por sí sola los datos para cumplir el mandato cultural? No, no es así. Dios también dio su revelación en la naturaleza: a esto lo llamamos revelación natural. La Biblia no se presenta como un libro de texto sobre ciencia o política o música o tecnología. Obviamente no es ese tipo de libro. Es el fundamento revelador de todas las demás verdades, incluida una multitud de verdades reveladas en la naturaleza. Esta es la razón por la que el cristiano, de entre todas las personas, debería investigar los hechos del universo (la ciencia): cuanto más descubra, más productivamente podrá cumplir el mandato cultural.

Es una triste ironía que a menudo sean los no creyentes los más comprometidos con la investigación científica y cultural. Muchos (quizá la mayoría) de los primeros científicos modernos eran cristianos: como Isaac Newton, uno de los mayores científicos de la historia; Carolus Linnaeus, el «padre de la taxonomía moderna»; Michael Faraday, renombrado experimentador en electromagnetismo y electroquímica; y Gregor

Mendel, el «padre de la genética moderna». Pero en las últimas generaciones, una teología de otro mundo ha infectado a la iglesia y cada vez son menos los cristianos que se dedican a la profesión científica. Es una lástima, porque cristianos de todo el mundo tienen un gran interés en la investigación científica, y porque a partir de ella pueden someter más productivamente la creación para la gloria de Dios.

Por supuesto, siempre podemos confiar en los no creyentes para los descubrimientos científicos; eso forma parte de la gracia común. Pero lo más probable es que los no cristianos interpreten esos descubrimientos de un modo no cristiano. Por ejemplo, mientras que los cristianos interpretarán los datos científicos en términos de categorías creacionales, los no cristianos probablemente los interpretarán en categorías darwinistas y naturalistas. Podemos beneficiarnos enormemente de los descubrimientos de los evolucionistas naturalistas, pero es preferible que los científicos netamente cristianos dominen el campo científico. La ciencia, en cualquier caso, solo es posible sobre presuposiciones netamente cristianos.[23] Así que los cristianos confían alegremente en la naturaleza a la hora de cumplir el mandato cultural, pero interpretan la naturaleza en términos de la Biblia.

La amplia autoridad de Dios

Muchos cristianos pueden reconocer a regañadientes que al hombre se le encomendó el mandato cultural en el huerto del Edén, y pueden admitir que Dios exigió que la cultura del antiguo Israel fuera moldeada por su Palabra, pero cuando se trata de Jesucristo y su obra de redención, parecen pensar que Dios ha cambiado de énfasis; que desde que Jesús ha venido, estamos llamados casi exclusivamente a evangelizar a los perdidos y construir iglesias y fomentar familias piadosas y, como mucho, ser un buen ciudadano cristiano pero dejar las tareas culturales a otros.[24] Después de todo, los evangelios tratan de la vida, la muerte y la resurrección de Jesús; Pablo escribió la mayoría de sus libros para las nuevas iglesias; el libro del Apocalipsis describe cómo Jesucristo preserva a sus santos a través del gran ataque satánico en el mundo. No parece haber demasiado sobre el mandato cultural en el Nuevo Testamento, según muchos cristianos.[25]

Pero este punto de vista es superficial y elude la evidencia. Arranca la creación de la redención. Para empezar, si entendemos que el Nuevo Testamento presupone el Antiguo Testamento, no nos haremos a la idea de que el Nuevo Testamento necesita repetir las enseñanzas importantes del Antiguo Testamento: los escritores del Nuevo Testamento asumieron que la mayoría de sus lectores habrían estado familiarizados con el Antiguo Testamento. Mateo comienza su evangelio «Libro de la genealogía de Jesucristo, hijo de David, hijo de Abraham». Es decir, remite inmediatamente a sus lectores al Antiguo Testamento. Lo mismo hacen los demás escritores del Nuevo Testamento. ¡El Nuevo Testamento comienza con el Antiguo Testamento! Pero, en segundo lugar, el Nuevo Testamento, de hecho, está repleto de refuerzos del mandato cultural. Jesús vino predicando el evangelio del reino. Jesús afirma en su primera declaración ministerial pública:

«El Espíritu del Señor está sobre mí,
Porque me ha ungido para anunciar el evangelio a los pobres.
Me ha enviado para proclamar libertad a los cautivos,
Y la recuperación de la vista a los ciegos;
Para poner en libertad a los oprimidos
(Lc 4:18).

Este evangelio está diseñado para mitigar las penurias de los pobres, liberar a los cautivos y curar a los ciegos. No debemos espiritualizar estas características del evangelio, porque Jesús procedió a hacer exactamente lo que dijo que haría: su predicación ayudó a los (literalmente) empobrecidos, emancipó a los (literalmente) esclavizados y sanó a los (literalmente) ciegos. Es decir, su evangelio mitigó los efectos culturales del pecado. Jesús no solo capacitó a los pecadores para el cielo (aunque seguramente lo hizo); empezó a restaurar la cultura santa que Dios creó en el Edén. Empezó a revertir los efectos del pecado. En el lenguaje de Cornelius Van Til, «El barrido de la revelación redentora de Dios tenía que ser tan *amplio* como el barrido del pecado».[26] Este es el evangelio que Pablo predicó, y de hecho el evangelio alcanzó su plenitud en la predicación de Pablo, ya que la muerte y resurrección de Jesús llevaron el mensaje evangélico a su plena realización. Pablo escribe que la creación entera, gimiendo bajo los efectos del pecado, espera ser redimida por la cruz de Jesús (Ro 8:21-25). La interacción pecaminosa de Adán expuso a la creación a la maldición de Dios. La interacción justa del Segundo Adán redimirá a la creación de la maldición. Es decir, no solo la naturaleza, sino *la cultura* —la interacción creativa del hombre con la naturaleza— espera ser redimida.

El evangelio es la buena noticia de la salvación para todos los que creen en Jesucristo, cuya muerte y resurrección pagaron la pena por el pecado del hombre y rompieron su poder en nuestras vidas (Ro 6). Este evangelio no se limita a preparar al hombre para una vida después de la muerte. Devuelve al hombre al lugar que le corresponde como vicerregente de Dios, «celoso de buenas obras» en la tierra (Tit 2:14). El cristiano trabaja para cumplir la Gran Comisión, que es el mandato cultural adaptado a la condición del hombre posterior a la caída: Vayan y hagan discípulos a todas las naciones, bautizándolos y enseñándoles todo lo que les he mandado (Mt 28:18-20). Esto suena sospechosamente como el llamado a reorientar al hombre por la gracia de Dios en Jesús para que sea restaurado a su posición creacional de cumplir el llamado de Dios.[27]

Por supuesto, durante la época del Nuevo Testamento y en los siglos inmediatamente posteriores, la Iglesia sufrió una persecución cada vez mayor. Esto es justo lo que los efectos de la Caída habían insinuado: el pecado haría mucho más difícil el mandato cultural. Ahora hay dos tipos de personas que ejercen dominio: Los adoradores de la creación y los adoradores de las criaturas, enfrentados entre sí (en principio) en *cada* punto cultural sobre el mismo territorio, la tierra de Dios. Así que cabría esperar que la primera tarea de los primeros cristianos fuera reunirse en iglesias (como Dios ordenó) para adorar al Señor Jesús y escuchar la verdad bíblica y prepararse para someter todas las cosas del mundo a su autoridad. Por eso la Iglesia ora diciendo: «Hágase Tu voluntad, / Así *en la tierra* como en el cielo» (Mt 6:10, énfasis añadido). La iglesia es una institución redentora adaptada a la condición pecaminosa del hombre: restaura al hombre gradualmente para que cumpla el mandato cultural anterior a la condición pecaminosa del hombre. Dios trabaja en el evangelio para revertir los efectos del pecado y llevar a su tierra, incluida toda la cultura, a glorificarle.

El mandato cultural y el eclesiocentrismo

Justo aquí debemos abordar un problema perenne. Muchos cristianos comprenden la importancia de la iglesia. Es el cuerpo de nuestro Señor en la tierra (Ef 1:17-23). Pablo dice que en Jesús, Dios derramó su sangre por la iglesia (Hch 20:28). No nos atrevemos a minimizar a la iglesia. El cristiano con una visión y una práctica marginales de la Iglesia no ha estado leyendo la Biblia; se encuentra en un lugar peligroso.[28]

Pero algunos se van al otro extremo. Parecen pensar que la Iglesia es todo lo que Dios está haciendo en la tierra; que si el trabajo espiritual no está ocurriendo en, gobernado por, o monopolizado por la iglesia, es inválido. Podemos denominar este punto de vista *eclesiocentrismo*, prominente en la Edad Media[29] y en muchos lugares hoy en día. Y es erróneo.[30]

La obra primordial de Dios en el mundo es el reino de nuestro Señor, del cual la Iglesia es un componente fundamental. La iglesia es un aspecto crítico del reino, pero no es el reino.[31] El reino de Dios se define sumariamente como el *reinado* de Dios en la tierra.[32] Cuando Jesús dijo a sus seguidores que el reino de Dios está dentro de ellos (Lc 17:21), obviamente no estaba diciendo que la Iglesia estuviera dentro de ellos. Estaba enseñando que el reino de Dios estaba dentro de ellos. En Mateo 4:17, cuando Jesús predicó: «Arrepentíos, porque el reino de los cielos está cerca», evidentemente no estaba diciendo que la Iglesia estaba cerca; quería decir que el reinado de Dios era inminente. Cuando Jesús instruyó a sus discípulos para que oraran: «Venga a nosotros Tu reino» (Mt 6:10), no puede interpretarse que estuviera diciendo: «Venga a nosotros tu *Iglesia*». La gran obra de Dios en la tierra es poner todas las cosas bajo la subordinación voluntaria de Jesucristo, Rey de Reyes y Señor de Señores (Fil 2:5-11). Esto es lo que el evangelio pretende hacer: no solo salvar a los pecadores y asegurarles un hogar celestial, sino crear una nueva raza de personas y una nueva tierra, todo progresivamente subordinado a un Padre amoroso y justo por medio de su Hijo crucificado y resucitado, Jesucristo (He 2:3-10). La principal tarea de la Iglesia es predicar *este* mensaje del reino.[33] Este no fue solo el mensaje de Jesús. Este fue el mensaje de Pedro en el primer Pentecostés posterior a la resurrección (Hch 2:22-36). Este fue el mensaje de Pablo (Ef 1:17-23). Este fue el mensaje de Juan en el último libro de la Biblia (Ap 1:1-6; 19:11-16). La Iglesia es un puesto avanzado del reino, pero no agota el reino. Dicho de otro modo: La obra de Dios en el mundo es mayor que la Iglesia.

El mandato cultural y la soberanía de esfera

Un correlato de esta comprensión es lo que el teólogo holandés Abraham Kuyper[34] denominó soberanía de esfera,[35] que es una implicación vital del mandato cultural. ¿Qué es la soberanía de esfera? Es la verdad de que Dios actúa por igual a través de las diversas esferas de la vida que ha establecido para hacer avanzar su reino, sin que ninguna de ellas esté subordinada a la otra. Jesús media directamente su autoridad a estas instituciones, que a su vez actúan en armonía con su revelación para extender su reino de formas apropiadas a su esfera. Las tres esferas más evidentes en la Biblia son la familia, la iglesia y el Estado. Dios estableció cada una de ellas;[36] cada una tiene sus propias tareas y límites y cada una debe respetar esos límites así como las tareas de las otras esferas. La cultura se descontrola cuando las esferas se salen de los límites establecidos por Dios e intentan cooptar la autoridad de otras esferas.

Esto ocurrió casi desde el principio de la cultura cristiana. En Oriente, la Iglesia se sometió al Estado durante el reinado de Constantino el Grande. Esto sentó un precedente, y la Iglesia oriental casi siempre ha estado sometida al emperador o al gobernante político. Esto se denomina *cesaropapismo*. La Iglesia se convierte en un pupilo del estado, y el emperador o rey dicta a la iglesia. Por cierto, esta es una de las razones por las que la Iglesia en Rusia y Europa del Este sucumbió tan fácilmente al comunismo ateo del siglo XX. Cuando el estado se volvió ateo, la iglesia cayó en picado porque siempre había tenido la supervisión y protección del Estado —y sumisión a este—. ¿No es más que una coincidencia que (aparte de Alemania, una anomalía política) las líneas del Telón de Acero atravesaran Europa en línea recta, separando la ortodoxia oriental por un lado del protestantismo y el catolicismo romano por el otro?[37] Obviamente, no se trataba solo de una división política. Era más fundamentalmente una división religiosa.

En Europa Occidental, el problema no era un Estado monopolista, sino una Iglesia monopolista. La Iglesia católica romana llegó gradualmente a dominar toda la cultura y la vida, incluido el Estado. Hoy nos parece extraño, pero durante la época medieval, a menudo el estado era débil y estaba dividido y era impotente, y la Iglesia era fuerte y estaba unida y era poderosa. La Iglesia dictaba al Estado, no viceversa. Esto puede parecer atractivo en nuestra actual cultura secular, dominada por el estado, pero no es el plan de Dios, y su fracaso se hizo evidente a principios del siglo XVI, cuando la Iglesia había decaído espiritualmente. La iglesia impuso la pesada y pecaminosa carga de la «penitencia pagada» a la sociedad y obscureció el evangelio de la gracia en Jesucristo y sofocó el comercio y la ciencia y el arte y gran parte de la cultura. Cuando la Iglesia declinó, la cultura dominada por la esta también declinó.

Fue necesaria la Reforma para romper el dominio monopolístico de la Iglesia.[38] Y una gran forma que tuvieron los reformadores de hacerlo fue apoyándose en el Estado. Lutero en particular reclutó a los príncipes alemanes para que le protegieran contra la Iglesia romana, pero Calvino y los demás reformadores también estaban deseosos de ponerse del lado de los políticos para proporcionar una barrera contra una Iglesia tiránica. De nuevo, este escenario nos parece extraño hoy en día, porque (con razón) anhelaríamos ver a la Iglesia como una barrera contra un Estado tiránico. Ese no era el problema a principios del siglo XVI.

El crecimiento del masivo Estado-nación del siglo XVIII en Europa fue un resultado no intencionado en parte del alistamiento del Estado por la Reforma como baluarte contra la Iglesia romana. La Reforma puso en marcha involuntariamente los megaestados de Occidente de los que hoy sufrimos la intrusión.[39] En Oriente dominaba el Estado. En Occidente dominaba la Iglesia. Ambos se salieron de los límites de sus esferas y crearon problemas culturales.

¿Y la Familia? En las culturas antiguas, incluida la antigua Roma, antes del imperio y, sobre todo, en las sociedades asiáticas, el Estado estaba supeditado a la Familia.[40] En la antigua Roma, el padre tenía poder de vida y muerte sobre sus hijos y sirvientes. El culto a los antepasados en Oriente era habitual. Era una sociedad basada en clanes, muy parecida a partes de Afganistán en la actualidad, y el Estado tenía que establecer alianzas con los clanes y las tribus para evitar una guerra total. La Familia era fuerte y el Estado y la Iglesia eran débiles.

En la soberanía de esfera, por el contrario, la Familia satisface las necesidades básicas de la sociedad, incluida una de las más significativas, el nacimiento y la crianza de los hijos. La Iglesia es el agente del evangelio, la ortodoxia y los sacramentos. El Estado protege, en el lenguaje de los Fundadores de Estados Unidos, la vida, la libertad y la propiedad de los ciudadanos. Todas idealmente trabajan juntas en armonía bajo la autoridad de Dios en su Palabra para llevar la cultura progresivamente bajo la autoridad de Dios, cada esfera haciendo su parte y cooperando con las otras esferas sin interferir en sus tareas.

Este es el plan *institucional de* Dios para el mandato cultural. Pero, ¿la cultura cristiana forma parte de nuestro pasado y no de nuestro futuro? Si puede formar parte de nuestro futuro, ¿cómo empleamos hoy el mandato cultural para crear cultura cristiana?

Notas al capítulo dos

[1] Aunque ningún libro es totalmente satisfactorio a la hora de articular una teología bíblica de la cultura cristiana, el mejor es probablemente Roderick Campbell, *Israel and the New Covenant* (Filadelfia: Presbyterian and Reformed, 1954).

[2] David Wells, *The Courage to be Protestant* (Grand Rapids: Eerdmans, 2008), 45, 138.

[3] Herman Bavinck, *The Christian Family*, trad. Nelson D. Kloosterman (Grand Rapids: Christian's Library Press, 2012), 2.

[4] Stephen C. Perks, *The Christian Philosophy of Education Explained* (Whitby, Inglaterra: Avant Books, 1992), 52-54.

[5] Henry Van Til, *The Calvinistic Concept of Culture* (Grand Rapids: Baker, 1959, 2001), 29.

[6] H. Henry Meeter, *The Basic Ideas of Calvinism* (Grand Rapids: Kregel, edición de 1960) 80-81. En la frase final, no creo que Meeter quiera dar a entender que la creación distinta del hombre está hecha a imagen de Dios.

[7] Henry Van Til, *Calvinistic Concept*, 27.

[8] Joe Boot, «Christ & Culture: The Meaning of Culture», *Jubilee*, otoño de 2011, 17.

[9] Henry Van Til, *Calvinistic Concept*, 200.

[10] Scott J. Hafemann, «The Kingdom of God as the Mission of God», en *For the Fame of God's Name*, Sam Storms y Justin Taylor, eds. (Wheaton, Illinois: Crossway, 2010), 348. Merece la pena leer el ensayo completo.

[11] Cornelius Van Til, *The Defense of the Faith* (Phillipsburg, Nueva Jersey: Presbiteriana y Reformada, edición de 1967), 46-50.

[12] G. C. Berkhouwer, *Modern Uncertainty and Christian Faith* (Grand Rapids: Eerdmans, 1953), 29.

[13] Cornelius Van Til, *The Intellectual Challenge of the Gospel* (Phillipsburg, Nueva Jersey: Presbyterian and Reformed, 1977), 19.

[14] Abraham Kuyper, «Common Grace», *Abraham Kuyper: A Centennial Reader*, James D. Bratt, ed. (Grand Rapids: Zondervan, 1998), 164-201.

[15] Cornelius Van Til, *Defense*, 168-178.

[16] Boot, «Christ & Culture: The Meaning of Culture», 20.

[17] Noel Weeks, *The Sufficiency of Scripture* (Edimburgo, Escocia: Banner of Truth, 1988), 85-94.

[18] Walter C. Kaiser Jr., *What Does the Lord Require?* (Grand Rapids: Baker, 2009).

[19] Meeter, *Basic Ideas*, 44.

[20] Richard B. Hays, *First Corinthians* (Louisville, Kentucky: John Knox, 1997), 151.

[21] Walter C. Kaiser Jr., *Toward Rediscovering the Old Testament* (Grand Rapids: Zondervan, 1987), 155-166.

[22] Sin embargo, incluso estas leyes persisten en principio: el principio de lo santo frente a lo profano, al igual que el principio de las leyes ceremoniales y de los sacrificios, ya que se cumplen en la obra redentora de Jesucristo.

[23] Alvin T. Schmidt, *Under the In"uence* (Grand Rapids: Zondervan, 2001), 218-247.

[24] Véase W. Harold Mare, «The Cultural Mandate and the New Testament Gospel Imperative», *Journal of the Evangelical Theological Society*, http://www.etsjets.org/files/JETS-PDFs/16-3/16-3-pp139-147 _JETS. pdf, consultado el 13 de septiembre DE 2012.

[25] David VanDrunen, «Calvin, Kuyper, and 'Christian Culture'», en *Always Reformed*, R. Scott Clark y Joel E. Kim, eds. (Escondido, California: Westminster Seminary, 2010), 148.

[26] Cornelius Van Til, *An Introduction to Systematic Theology* (Phillipsburg, Nueva Jersey: Presbyterian and Reformed, 1974), 173, énfasis en el original.

[27] John M. Frame, *The Doctrine of the Christian Life* (Phillipsburg, Nueva Jersey: P & R, 2008), 310.

[28] Kevin DeYoung, *The Hole in Our Holiness* (Wheaton, Illinois: Crossway, 2012), 132-133.

[29] Christopher Dawson, *Progress and Religion* (Perú, Illinois: Sherwood Sugden, s. f.), 169.

[30] P. Andrew Sandlin, *Un-Inventing the Church* (La Grange, California: Center for Cultural Leadership, 2007), 1-12.

[31] Herman Ridderbos, *The Coming of the Kingdom* (Phillipsburg, Nueva Jersey: Presbyterian and Reformed, 1962), 354.

[32] George E. Ladd, *Crucial Questions Concerning the Kingdom of God* (Grand Rapids: Eerdmans, 1952), 77-85.

[33] P. Andrew Sandlin, «The Kerygma of the Kingdom», *Dead Orthodoxy or Living Heresy?* (La Grange, California: Kerygma Press, 2009), 35-45.

[34] Para una breve introducción al pensamiento de Kuyper, véase Richard Mouw, *Abraham Kuyper, A Short and Personal Introduction* (Grand Rapids: Eerdmans, 2011).

[35] *Abraham Kuyper*, «Sphere Sovereignty», *Abraham Kuyper: A Centennial Reader*, James D. Bratt, ed. (Grand Rapids: Zondervan, 1998), 463-490.

[36] John M. Frame observa que el Estado es en realidad una consecuencia de la familia, por lo que no es una institución establecida divinamente como lo son la familia y la iglesia. El Estado, podríamos decir, solo está implícitamente establecido por Dios, aunque explícitamente reconocido por él (Ro 13). Véase «Toward a Theology of the State» de Frame, *Westminster Theological Journal* 51 (1989), 199-206.

[37] Los reformados asumieron en los territorios protestantes la insistencia católica romana en la independencia de la Iglesia respecto al Estado. Véase Christopher Dawson, *The Movement of World Revolution* (Londres: Sheed & Ward, 1959), 37.

[38] Abraham Kuyper, *Lectures on Calvinism* (Grand Rapids: Eerdmans, 1931), 30, 47.

[39] Marcel Gauchet, *The Disenchantment of the World* (Princeton, Nueva Jersey: Princeton University Press, 1997), 88-92.

[40] Robert Nisbet, *The Social Philosophers* (Nueva York: Thomas Y. Crowell, 1973), 36.

CAPÍTULO 3:

La creación de la cultura cristiana

N ota: no la recreación, o restauración, o resurgimiento, de la cultura cristiana. No necesitamos retroceder. La cultura cristiana fue una gran bendición, pero también tuvo muchos problemas. Algunas partes de ella (no todas) malinterpretaron la economía y la libertad económica (la Europa medieval).[1] Otras partes fueron en ocasiones racistas y se dedicaron al comercio de esclavos (el Sur antebellum). La Reforma, además, no era conocida por un espíritu de evangelización global (casi ninguna iglesia occidental de la época lo era tampoco). No necesitamos recrear el pasado, por valioso que fuera, sino insistir en las reivindicaciones de la fe bíblica en el presente y el futuro. Aun así, sería un error no considerar cómo murió la cultura cristiana en el pasado. Al menos esa consciencia nos proporcionará sabiduría sobre cómo proceder en el presente.

En cierta época en Occidente, como vimos en el capítulo 1, el cristianismo daba forma a toda la vida. En cierta época, casi todas las iglesias creían que la Biblia era la Palabra de Dios y afirmaban la ortodoxia cristiana. En cierta época, casi todo el mundo afirmaba la moralidad cristiana, e incluso aquellos que violaban esa moralidad sabían que era lo correcto. En cierta época, casi todos los niños eran bautizados en la fe cristiana y se esperaba que vivieran sus vidas confiando en Jesucristo y al menos formalmente comprometidos con la iglesia y la Biblia. En cierta época, casi todos los líderes políticos eran al menos nominalmente cristianos. En cierta época, casi todo el arte, la arquitectura, la música, la ciencia, la filosofía y la educación eran cristianas o estaban influidas por el cristianismo. La homosexualidad, el aborto, la pornografía y el divorcio eran realidades, pero eran parias sociales. En cierta época, en resumen, Occidente fue una cultura cristiana.

Y ahora casi ha desaparecido. ¿Por qué ha desaparecido y cómo la hemos perdido? Hay varias razones, pero señalaré las principales.

Cómo perdimos la cultura cristiana

La Guerra de los Treinta Años

Entre 1618 y 1648, la Guerra de los Treinta Años devastó Europa. Fue en el fondo una guerra religiosa entre protestantes y católicos romanos (y entre los propios protestantes), y ningún país del continente quedó indemne. Pocas guerras en la historia han sido tan destructivas. Fue una guerra entre los países cristianos del residuo del Sacro Imperio Romano Germánico. Fue un fratricidio cristiano. No fue como las Cruzadas, con cristianos luchando contra musulmanes. Mucha gente se cansó después del cristianismo. Su actitud fue: «Si esto es lo que produce el cristianismo tenaz, no me importa mucho ese cristianismo. Preferiría un cristianismo suave y sin confrontaciones».[2] Con el tiempo, este cristianismo tibio se convirtió casi en ningún cristianismo, ya que la fe cristiana está destinada a florecer como una devoción de todo corazón a Jesucristo y a su Palabra, y carece de mucha fuerza o atractivo cuando se reduce a un insípido barniz social.

Hay una lección crítica que podemos aprender aquí. Los cristianos ortodoxos tenemos auténticas diferencias entre nosotros. Son diferencias sinceras, y no nos atrevemos a empapelarlas con una piedad aguada, del mínimo común denominador: Los católicos romanos están en desacuerdo con los protestantes, los calvinistas con los luteranos, los carismáticos con los cesacionistas, etcétera. No es probable que estos desacuerdos desaparezcan pronto. Debemos proporcionar foros para estos desacuerdos y mantenernos firmes en nuestras convicciones. Nunca debemos convertirnos en minimalistas teológicos.

Sin embargo, siempre debemos saber quiénes son los verdaderos enemigos, y los verdaderos enemigos no son otros cristianos profesos que defienden los antiguos credos ecuménicos y la plena autoridad de la Biblia. Si alguien cree en la inspiración y la infalibilidad de la Biblia; en los credos de los Apóstoles y de Nicea, y en la ley moral de Dios, no son nuestros enemigos. Son en cierto sentido nuestros amigos, y no necesitamos luchar contra ellos —ciertamente no como lo hacemos con nuestros enemigos culturales—. Los enemigos son los musulmanes militantes y los modernistas y secularistas: gente que no cree ni obedece la Biblia, gente que no cree que Jesús es verdadero Dios de Dios verdadero, gente que no reconoce la ley moral de Dios.[3]

Por cultura cristiana, por tanto, no entendemos cultura presbiteriana, cultura baptista, cultura pentecostal, cultura católica romana o cultura ortodoxa oriental.

Nos referimos a la cultura *cristiana*, anclada teológicamente en la verdad de la Biblia y en la antigua ortodoxia ecuménica de los primeros credos. Nos unimos a los de otros sectores de la cristiandad ortodoxa, no en sus iglesias sino en nuestra cultura compartida. Tenemos nuestras iglesias separadas, pero trabajamos juntos para crear y mantener la cultura cristiana.

Esto no fue lo que ocurrió en la Guerra de los Treinta Años, y la erosión de la cultura cristiana fue un trágico resultado.

La Ilustración

Y entonces llegó la Ilustración europea de finales del siglo XVII y principios del XVIII, un factor mucho más significativo en la pérdida de la cultura cristiana. Cuando pensamos en la Ilustración, nos vienen a la mente nombres como Voltaire, Montesquieu, Kant, Newton, Hume, Locke y Jefferson. Pocos de ellos eran laicistas y algunos eran, de hecho, cristianos, por lo que en la mayoría de los casos no intentaban destruir la cultura cristiana conscientemente. Pero el efecto de su trabajo a lo largo del tiempo fue precisamente ese. No nos atrevemos a negar el mérito de los grandes beneficios que nos ha legado hoy a todos la Ilustración, cuando sus devotos emplearon ideas y prácticas cristianas, al tiempo que a menudo abandonaban incoherentemente el cristianismo.[4] Debemos alabar y condenar a la Ilustración.

¿Qué es la Ilustración? Es la idea de que todo el pensamiento y la vida deben emanciparse de autoridades externas como la Biblia y la Iglesia y los credos y la tradición, y en su lugar confiar en las normas universales de la razón y la experiencia.[5] Los pensadores de la Ilustración tenían una confianza ilimitada en la capacidad humana para aprender la verdad sin la ayuda de autoridades religiosas. De hecho, consideraban infantil confiar en esas autoridades. Veían la nueva era como aquella en la que los niños intelectuales se emancipaban de sus tutores y se convertían en adultos plenos y racionales. No siempre intentaban dejar atrás el cristianismo (por ejemplo, les gustaba la moral cristiana), pero sin duda querían dejar atrás a las *autoridades* cris- tianas. Después de un tiempo, querían deshacerse de la Biblia y los credos y los sacerdotes y los pastores y la tradición como autoridades sobre el pensamiento humano. Y no cabe duda de que a veces la Iglesia actuó de forma que sofocaba la investigación científica legítima (como en el infame caso de Galileo).

Pero con el tiempo, la Ilustración no quería correcciones; quería una forma de pensar totalmente nueva. Ya no quería que la Biblia y la teología gobernaran Occidente. Al principio se comprometió muy firmemente con la ley natural, la revelación de Dios en la naturaleza. Todas las autoridades tradicionales (incluida la Biblia) tenían que inclinarse ante cualquier descubrimiento que el hombre encontrara en la naturaleza. Dios revelaba su verdad en la naturaleza. La naturaleza se convirtió en la nueva Biblia. Curiosamente, sin embargo, cuando Dios ya no era necesario para garantizar la verdad, la Ilustración se deshizo de Dios por completo y simplemente habló de la propia naturaleza como autónoma.[6] En palabras de Francis Schaeffer, la naturaleza empezó a «comerse a la gracia».[7]

En la década de 1820, Europa ya había empezado a perder la cultura cristiana bajo el ácido de la Ilustración. Es difícil imaginar la Revolución francesa sin la Ilustración y su asalto a la autoridad tradicional.[8] Para entonces, la mayoría de las élites tenían una confianza ilimitada en la razón humana y creían que podían preservar los muchos beneficios de su cultura cristiana sin nada distintivamente cristiano. Dios nos dio cerebros; ¿por qué necesitamos una Biblia, y especialmente una Iglesia y credos? De este modo, la Ilustración asestó una «herida mortal» a la cultura cristiana del protestantismo ortodoxo y aunque «no extinguió la ortodoxia... la apartó de su lugar central como sistema de pensamiento que unificaba la cultura y la vida».[9]

Romanticismo (Contrailustración)

A principios del siglo XIX se produjo una fuerte reacción contra la vida fría y estéril de la Ilustración. Esa reacción se conoce como romanticismo (o contrailustración).[10] El romanticismo fue un movimiento que exaltó al individuo y sus emociones y sentimientos y su singularidad artística, incluso lo extraño y lo macabro. El Romanticismo fue un vasto «proyecto de interiorización». La Ilustración trataba de la razón y la experiencia universales, im- personales, es decir, comunes a toda la humanidad. El Romanticismo, por el contrario, trataba de la singularidad del individuo. Exaltaba al individuo, especialmente al artista individual que luchaba contra el mundo impersonal de la Ilustración.[11] Los románticos como Wordsworth y Coleridge y Percy Bysshe Shelley y su esposa Mary Shelley y Goethe y Walt Whitman y Beethoven exaltaban al individuo y particularmente su estado interno de vida, sus sentimientos y emociones y sueños y deseos. La cultura cristiana había instalado la Biblia y la ortodoxia cristiana como normas objetivas universales. La Ilustración los había sustituido por las normas objetivas universales de la razón y la experiencia. El Romanticismo intentó deshacerse por completo de *todas las* normas universales. Para la Ilustración, el ser humano es la medida de todas las cosas. Para el Romanticismo, el individuo es la medida de todas las cosas. Ambos subvierten la cultura y las normas cristianas. Hoy vemos el Romanticismo en el posmodernismo, un romanticismo resucitado, de hecho; en los artistas torturados de la música moderna; en el triunfo de la vulgaridad;[12] en el anhelo de «reinventarse»; en la búsqueda de la «autenticidad».[13] El Romanticismo desprecia cualquier autoridad. El hombre, el individuo, es totalmente autónomo. Esto significa que no puede haber cultura cristiana, porque la cultura cristiana consiste en la entrega de la autonomía a la verdad de Dios que es vivificante, universal y llena de gracia.

Darwinismo

Después de que la Ilustración y el Romanticismo hubieran exorcizado la autoridad de Dios a mediados del siglo XIX, solo era cuestión de tiempo que otros demonios se apresuraran a llenar el vacío. Uno de los principales demonios fue el darwinismo.

Es un error considerar el darwinismo como una empresa principalmente científica. Es, más bien, una filosofía en busca de una explicación científica del universo *en ausencia del Dios de la Biblia.*

La ciencia moderna temprana, como hemos visto, fue postulada casi en su totalidad por cristianos, por lo que el cristianismo está lejos de ser incompatible con la ciencia. De hecho, no puede haber ciencia coherente sin él (ya que la ciencia debe asumir hechos teístas cristianos sobre el universo —creación, causalidad, regularidad, repetibilidad, etc.— para poder funcionar en primer lugar). Pero Darwin, como muchos de sus contemporáneos, había perdido la esperanza en el Dios bíblico, así que inventó un razonamiento para la vida humana que no tuviera en cuenta a Dios. Esto es precisamente lo que es la evolución darwiniana.

Es difícil describir lo ansiosos que estaban sus contemporáneos por imbuirse de su doctrina. Solo esperaban una explicación no cristiana, ya que en una época que valoraba la ciencia, cualquier teoría que pudiera posicionarse como científica podía ganar la partida. Incluso hoy, el compromiso con las explicaciones darwinistas goza de un fervor religioso. A pesar de que reduce al hombre a un animal más, destruyendo su singularidad como creado a imagen de Dios, y a pesar de que proporcionó una justificación para el movimiento eugenésico primitivo,[14] y a pesar de que ayudó a dar forma al marxismo ateo,[15] los incrédulos (y no pocos cristianos) se deleitan con esta filosofía anticristiana.

Subvertía la cultura cristiana al burlarse del relato de la creación de Dios en la Biblia y concebir la sociedad y la cultura humanas en términos puramente naturalistas.

El método histórico-crítico

Hablando de la Biblia, no había forma de que la visión ortodoxa de la Biblia como Palabra de Dios pudiera sobrevivir como creencia generalizada en un clima tan hostil. Por eso hubo que inventar el método histórico-crítico. El método histórico-crítico es un enfoque de la Biblia que la trata como cualquier otro libro humano. Se estudian los orígenes y el desarrollo del libro como si los autores fueran meramente humanos, como si se tratara de un libro meramente humano. Por supuesto, es evidente que la Biblia tiene un lado humano. Así que cuando uno se deshace de Dios como autor principal, lo único que queda es ese lado humano. La Biblia ya no es la Palabra de Dios, sino solo una colección de impresionantes escritos religiosos de humanos «inspirados».[16]

Es un error que cometen a menudo los observadores alfabetizados pero ingenuos suponer que, puesto que la

Ilustración entronizó la ciencia, fue el aumento de las pruebas científicas del siglo XIX lo que erosionó la confianza en una Biblia ortodoxa. De hecho, ocurrió casi lo contrario. Gran parte de la cultura ya había resituado el centro de la autoridad religiosa en la experiencia humana, y cuando llegaron los avances científicos, Occidente estaba demasiado ansioso por alistarlos como prueba de que ya no se podía confiar en la Biblia como Palabra inerrante de Dios.[17] El Occidente «ilustrado» *quería creer* que la Biblia no es infalible y no puede ser una autoridad objetiva. Su abandono de la infalibilidad no era una valoración desapasionada y objetiva, sino que estaba profundamente «basado en la fe». Era presuposicional, es decir, cuando abandonaron la infalibilidad, simplemente estaban actuando de acuerdo con su cosmovisión del siglo XIX. Fue el método histórico-crítico el que eliminó la Biblia como fuente de autoridad cultural.[18]

Democracia laica

Si la cultura cristiana dejara de ser el pegamento que mantiene unida a la sociedad (como ocurrió en Occidente durante cientos de años), ¿qué la sustituiría? La respuesta es la democracia secular. La democracia como gobierno representante comenzó en el antiguo Israel

(Dt 1:13). Una versión pagana surgió en la antigua Grecia. Pero en el mundo moderno, la democracia fue un descubrimiento cristiano basado en la idea cristiana de la autoridad descentralizada.[19] Por supuesto, durante mucho tiempo hubo reyes cristianos, y la Biblia no se opone a la monarquía como tal; pero en un mundo pecador sin supervisión divina directa, no puede ser la mejor forma de gobierno, y no fue la elección de Dios para los judíos (1 S 8) ya que todos los hombres son pecadores, y los reyes no menos que nadie. La democracia en el mundo moderno comenzó con la comprensión de que el poder político debe ser descentralizado y debe representar los intereses de todos, no solo de unos pocos. El calvinismo, en particular, tuvo un gran impacto en el desarrollo de la democracia de tipo constitucional.[20] La democracia constitucional primitiva tenía un parecido con las formas presbiterianas de gobierno eclesiástico: los líderes políticos requerían el consentimiento de los gobernados.[21] Una de las primeras declaraciones formales de libertad política, la Carta Magna (1215), que limitaba el poder del rey, fue escrita en un contexto claramente cristiano. La Constitución de Estados Unidos, como documento democrático, aunque no es explícitamente cristiana, está impregnada de motivos cristianos.[22] Pero en el siglo XIX, la democracia, al igual que la ley natural, empezó a cobrar vida propia. Llegó a significar «la voluntad del pueblo», no la voluntad de Dios por la que se descentraliza el poder político.[23] Esta democracia secular pronto se convirtió en idolátrica: «la voluntad del pueblo» expresada en las instituciones políticas era lo que importaba.[24] Aunque la Constitución de Estados Unidos, por ejemplo, fue escrita con un ethos cristiano en mente, ahora ha sido arrancada de ese fundamento. Esta es la razón por la que el activismo judicial se ha vuelto tan prominente. No se puede interpretar la Constitución en armonía con sus intenciones originales y llegar a conclusiones contundentes y anticristianas como el aborto a la carta y el «matrimonio» entre personas del mismo sexo. La Constitución presupone la cultura cristiana y no puede entenderse adecuadamente en ningún otro contexto.

Ese otro contexto significa hoy que la Constitución debe reinterpretarse radicalmente para apoyar el deseo de democracia laica y, más exactamente, de la élite dentro de una democracia secular.[25] La voluntad del pueblo significa con demasiada frecuencia, como ocurría en los regímenes marxistas, la democracia definida por los tribunales y otros órganos políticos no elegidos. La democracia pasó de una toma de decisiones políticas descentralizada bajo la autoridad de Dios a un orden político encabezado por élites seculares que gobiernan en nombre del «pueblo».

Modernismo

A finales del siglo XIX, la cultura cristiana era cosa del pasado. Lo que puso el clavo fue el modernismo. Quizá no se resuma mejor que en una placa que mi esposa Sharon y yo vimos orgullosamente anexada a la pared exterior del departamento de arte moderno de la Universidad de Columbia Británica en Vancouver, donde nuestro hijo mayor estudia y enseña Filosofía. Dice así: «Salve a los destructores». Los modernistas son los destructores.

El modernismo surgió a finales del siglo XIX con la convicción de que cada época tiene su propio ethos y forma de pensar; por lo tanto, lo que había antes no puede tener ninguna relación con el mundo actual.[26] Cualquier tipo de tradición no es simplemente innecesaria; es positivamente perjudicial, ya que nos impide satisfacer las necesidades únicas del presente. El modernismo comenzó en la pintura impresionista de Monet, Manet y van Gogh, pero pronto llegó a dar forma a muchos campos: la arquitectura, la danza, la música, la literatura, el cine, incluso —quizá especialmente— la teología.

Los modernistas eran élites que querían elevarse por encima del rebaño común. Odiaban las convenciones artísticas que les habían sido transmitidas, es decir, las convenciones moldeadas en su mayoría por la cultura cristiana. Les encantaba escandalizar a la sociedad con obras de arte como *La fuente de* Marcel Dechamp, un urinario; *la* disonante *La consagración de la primavera* de Igor Stravinsky, una expresión terrenal de hacer el amor en el escenario; y *El gran masturbador* de Salvador Dalí, que no voy a dignificar con una descripción. Los modernistas amaban la herejía: les encantaba odiar el pasado. Este rasgo los describía por encima de todo lo demás, y por eso se les llama con razón «modernistas».

Obviamente, el modernismo era hostil a la cultura cristiana. En palabras de Peter Gay, los primeros modernistas eran «una minoría creciente de artistas que daban la espalda al pasado clásico y cristiano».[27] La cultura cristiana era una de las principales cosas que intentaban derribar, y lo consiguieron. Han sido los destructores. Han sido unos destructores muy eficaces.

Nihilismo

Mencionaré un último factor en la desaparición de la cultura cristiana, más exactamente quizá un fruto de su muerte, y es el nihilismo. El nihilismo es la siniestra opinión de que no hay un sentido último en la vida, y lo asociamos con el brillante filósofo clásico alemán Friedrich Nietzsche. Vivió a finales del siglo XIX, lo suficientemente tarde como para haber visto la cultura descristianizada, la cultura sin Dios. Parece que Nietzsche odiaba por encima de todo a dos clases de personas: (1) los cristianos gentiles del siglo XIX cuya fe no era vigorosa y masculina, y (2) los filósofos del siglo XVIII que querían introducir de contrabando la moral cristiana en la filosofía no cristiana. Nietzsche abominaba de esta hipocresía. Kant quería deshacerse del Dios cristiano pero preservar su moral para que la sociedad pudiera funcionar sin problemas. Nietzsche no tendría nada de esto. «Ten el valor de tus convicciones», decía básicamente Nietzsche. «Si matas a Dios, entonces tienes que matar también su moralidad».[28] Y Nietzsche sí mató su moralidad; al menos lo intentó. Contraatacó con la moral del «superhombre»: el hombre debe inventar su propia moral. La moral no la da Dios, la inventa el hombre.[29] Y cuando los nacionalsocialistas alemanes se basaron en este razonamiento para crear su distopía infernal, estaban revelando adónde podía conducir fácilmente el nihilismo.

Pero este no es en absoluto el fin ilógico de una sociedad que quiere abandonar la cultura cristiana abandonando a Dios y su Palabra y todas sus normas.

La Ilustración, el Romanticismo, el darwinismo, el método histórico-crítico, la democracia secular, el modernismo y el nihilismo: todos estos y otros factores contribuyeron a purgar a Occidente de nuestra robusta cultura cristiana que tantos beneficios nos otorgó.

Dónde estamos hoy en nuestra propia cultura

Secularización

Hoy vivimos en una cultura radicalmente secular. Secularización no significa que la gente ya no crea en Dios. Significa que la gente ya no cree que Dios tenga algún interés en la cultura. «[E]l proceso de secularización», afirma Christopher Dawson, «no surge de la pérdida de la fe, sino de la pérdida de interés social en el mundo de la fe. Comienza en el momento en que los hombres sienten que la religión es irrelevante para el modo de vida común y que la sociedad como tal no tiene nada que ver con las verdades de la fe».[30]

Es posible que muchas personas de una sociedad crean en Dios y en el cristianismo y sigan viviendo en una sociedad laica. Este es precisamente el caso en Occidente, e incluso en Estados Unidos. La secularización no es la convicción de que Dios no existe (no es lo mismo que el ateísmo teórico). Es la idea de que Dios no existe *de forma influyente en una sociedad*. Los secularistas culturales rara vez se interesan por lo que llamaríamos cuestiones metafísicas; simplemente no quieren que Dios ni ninguna religión entorpezcan su estilo, y especialmente su vida sexual. La secularización es la abolición del Dios Trino de todas partes excepto entre las dos orejas de cualquiera o, en el mejor de los casos, de la familia, y de la Iglesia entre las 10 de la mañana y el mediodía del domingo. La secularización significa que Dios y el cristianismo sencillamente no tienen ninguna relación oficial o formal (y, de hecho, no tienen ninguna relación práctica en absoluto) con la política, la educación, el arte, la ciencia, la arquitectura, la música, la tecnología, los medios de comunicación, etcétera.

Irónicamente, se trata prácticamente de la misma secularización que prevalecía en los regímenes marxistas como la antigua Unión Soviética. Todos ellos garantizaban constitucionalmente la libertad religiosa y, desde su propio punto de vista, esta libertad no era un espejismo. Se referían a la libertad de religión *secularizada*, la libertad de creer en Jesús en privado, quizá en familia, aunque sea tímidamente, y de asistir a una iglesia sancionada por el Estado —siempre y cuando no evangelices o hagas proselitismo, siempre y cuando no formes a tus hijos en la Fe en casa o en las escuelas, siempre y cuando no traigas a Jesús al discurso público, siempre y cuando no, bueno, no actúes como un cristiano *donde cualquiera pueda verte*—. Esto no es muy diferente de la secularización en Occidente. La secularización aquí es una «estrategia de invisibilidad»: «Tu cristianismo está bien, siempre y cuando nadie lo vea».

En los regímenes marxistas (e islámicos), los cristianos son perseguidos. En los regímenes occidentales, no son perseguidos, al menos no de forma activa y política. Más bien, su fe es marginada.[31] El cristianismo es presionado hacia los márgenes de la vida por la «estrategia de invisibilidad» del secularismo, pero la invisibilidad desempeña otro papel relacionado: el propio secularismo es una «ideología invisible». Es decir, una creencia tan extendida que ya no necesita ser defendida, ni siquiera promovida tenazmente. Casi todo el mundo la sostiene, y creer de otro modo no es tanto oponerse como ser ignorado. La igualdad racial (por ejemplo) es una ideología invisible (también resulta ser bíblicamente correcta). Hoy en día, en Occidente, las personas que afirman que los blancos o los asiáticos son superiores a los negros o a los hispanos no son perseguidas; se las ignora como locas y chifladas. Sin embargo, hace 150 años, esta era una idea muy discutida entre la población, incluso por las élites cultas. Por el contrario, si usted dice hoy que la marihuana debería legalizarse, se encontrará con una verdadera pelea en sus manos. Eso se debe a que la legalización de la marihuana no es una ideología invisible como lo es la igualdad racial.

La secularización es una de las grandes ideologías invisibles de nuestro tiempo, y quizá la principal. Si sostienes que el cristianismo en Occidente debería regir la ciencia y la política y la educación y los deportes y la arquitectura y la música (digamos, como lo hacía hace 400 años), la gente dirá, en efecto: «Este es el tipo de arreglo que tienen en las sociedades islámicas; aquí nadie cree eso. Por favor, búscate una vida y déjanos en paz al resto. Eres un iluso. ¿Crees también en el Ratoncito Pérez?».

El hecho de que sean los laicistas los que hubieran sido considerados delirantes hace 400 años muestra cómo las ideologías invisibles pueden cambiar drásticamente con el tiempo. En 1613 la cultura cristiana era la norma. En 2013 no es una excepción; es impensable.

Privatización

Una respuesta cristiana generalizada a esta secularización es la *privatización*. La privatización es la reducción
intencionada de la cristiandad por parte de los cristianos
a los mismos lugares que los secularistas declaran seguros: el armario de la oración, los devocionales familiares
y la iglesia los domingos, o quizá incluso los programas
sociales de la iglesia a lo largo de la semana. La privatización ha tenido partidarios desde muy pronto en la
historia de la Iglesia (los místicos, por ejemplo), pero
se convirtió en una opinión ampliamente aceptada y
practicada solo en los dos últimos siglos. Los cristianos
llegaron a creer que la cultura es intrínsecamente mala
y no puede cristianizarse (el paradigma separatista; véase el capítulo 1), que los cristianos más espirituales son
los *menos* comprometidos con la cultura, que la vida
cristiana puede agotarse en la lectura de la Biblia y la
oración y la evangelización personal, y que todo lo que
vaya mucho más allá de esto es «mundanidad».

Por lo tanto, la privatización trabaja en liga con
la secularización para reducir el cristianismo a lo que
Stephen Perks describe como un «pasatiempo de trabajo personal».[32] Sorprendentemente, muchos cristianos
y secularistas están de acuerdo sobre esta privatización.
Los secularistas dicen: «El cristianismo debe seguir

siendo privado». Los cristianos responden: «Estamos de acuerdo». Los secularistas dicen: «Los cristianos deberían mantenerse al margen de la política». Los cristianos responden: «Estamos de acuerdo». Los secularistas dicen: «La Palabra de Dios no tiene nada que decir a nuestra sociedad». Los cristianos responden: «Estamos de acuerdo». Los secularistas dicen: «Los no creyentes deberían llevar la voz cantante en la sociedad y la cultura». Los cristianos responden: «Estamos de acuerdo». Los secu- laristas dicen: «El cristianismo es un "pasatiempo devocional privado"». Los cristianos responden: «Estamos de acuerdo». Los cristianos responden: «Estamos de acuerdo».

En el corazón de la privatización hay una peculiar herejía cristiana, una forma de gnosticismo blando: la salvación por lo que está en la mente y no la salvación de toda la creación.[33] El cristianismo reciente (a raíz de las primeras herejías cristianas) tiene una visión profundamente empobrecida de la creación. Para muchos cristianos, la naturaleza simplemente no es tan importante; lo único importante es conseguir la salvación de las almas. Pero es aún peor para otros cris- tianos. Para ellos, la creación es inherentemente pecaminosa. Ven *la materialidad* —las cosas materiales— como algo malo o al menos inferior. En realidad no quieren escapar del pecado; quieren escapar de sus cuerpos; quieren escapar de este mundo. Piensan que la oración y la lectura de la Biblia y la contemplación tranquila son «espirituales», pero que los árboles y el océano y la buena comida y ganar mucho dinero y disfrutar de la naturaleza y del baloncesto no son espirituales. Pero en la Biblia, el conflicto nunca es entre lo físico y lo no físico; es entre la rectitud y el pecado. El pecado es el problema; *la materialidad* no es el problema. El ser más malvado del mundo es puro espíritu, y el hombre más piadoso que jamás haya existido (Jesucristo) vivió, murió y resucitó en un cuerpo.

Pero si nos aferramos al gnosticismo blando, rendimos el mundo al Diablo y nos enorgullecemos de lo justamente indiferentes que somos. ¿Es de extrañar que Occidente haya sucumbido al relativismo, al aborto a la carta, al «matrimonio» entre personas del mismo sexo, a la eutanasia, a la extracción de óvulos femeninos, al socialismo de Estado, al consumismo narcisista, al feminismo radical, al machismo ramplón y a mil termitas sociales más que amenazan con corroer toda la mansión cultural que es la sociedad occidental?

Este es el precio que pagamos cuando compramos acciones en la secularización y la privatización. Estos son los frutos amargos de renunciar a la cultura cristiana.

Dios no nos llama a una justa indiferencia hacia el mundo. Nos llama al justo dominio del mundo, como vimos en el último capítulo.

Cómo podemos crear una cultura cristiana

En medio de esta trágica pérdida, ¿son impotentes los cristianos? ¿Nos queda ser testigos del declive gradual de nuestra sociedad hacia la barbarie pagana? Si no es así, ¿qué deben hacer los cristianos que aún creen en el poder de Dios para cambiar culturas enteras? Hay muchas respuestas correctas, pero me gustaría concluir con solo tres. En primer lugar, al considerar la tarea de crear una cultura cristiana, debemos tener cuidado de incluir tanto la dimensión objetiva (institucional) como la subjetiva (existencial).

Por objetiva, me refiero principalmente a las instituciones, a las «corporaciones» culturales: iglesia, universidad, gobierno, fundaciones, etcétera. Por subjetiva, me refiero a la vida interior del individuo. Los defensores de la cultura cristiana se inclinan a menudo a hacer hincapié en una de estas dimensiones en detrimento o descuido de la otra. Los «objetivistas» comprenden la indispensabilidad de las instituciones para la cultura y, en particular, para el cambio cultural. Defienden una estrategia «descendente» de transformación cultural; son elitistas: «Cambien las instituciones, y los individuos cambiados vendrán después». Les encanta citar la frase del marxista italiano Antonio Gramsci (o al menos se le atribuye) la «larga marcha a través de las instituciones» como estrategia cultural de primer orden. Saben que las instituciones son instrumentos culturales poderosos y que cualquier cambio cultural que intente pasar por alto las instituciones y acentuar únicamente el cambio «de abajo arriba» o individual puede obtener un éxito a corto plazo pero está condenado al fracaso a largo plazo, porque las instituciones perpetúan con mayor eficacia la cultura intergeneracional. Cada generación debe morir, pero sus instituciones no.

En la cristiandad, un ejemplo destacado de este desequilibrio ha sido el evangelio social de principios del siglo XX, que aún pervive. El libre mercado es, afirmaba el evangelio social, individualista, y el objetivo de los cristianos debe ser apoderarse de las palancas del Estado para crear una cultura socialista e implantar así el reino de Dios, que es, según ellos, económicamente socialista.[34] La Iglesia se ha ocupado tradicionalmente de los individuos y de su redención, siendo el cambio cultural un subproducto de la salvación personal. Ahora, con el evangelio social, entendemos que cambiar las instituciones cambia a los individuos; la transformación institucional es lo más estratégico.

Independientemente de lo que se piense sobre el socialismo cristiano (es erróneo[35]), una estrategia cultural que deje de lado al individuo está condenada al fracaso. Puede lograr un cambio cultural a largo plazo, pero no puede asegurar que el cambio perpetuado en las instituciones perdure. Los individuos componen las instituciones, por lo que dejar de lado a los individuos destripará con el tiempo el cambio institucional original. Precisamente porque las instituciones sobreviven a los individuos, estos últimos deben ser una preocupación constante: las personas mueren y las personas cambian. Con el tiempo, solo las personas que cambian pueden cambiar las instituciones.

Alternativamente, una estrategia que pase por alto lo objetivo (las instituciones) y se dirija únicamente a lo subjetivo (los individuos) es igualmente desequilibrada. Los «subjetivistas» ven el gran valor del individuo y su contribución a la cultura. Propugnan una estrategia de transformación cultural «de abajo arriba»; son populistas: «Cambia a los individuos y una cultura cambiada vendrá después». Se dan cuenta de que si los individuos

no cambian, ningún cambio institucional funcionará.
Las personas cambiadas cambian las culturas. ¿Por qué
intentar siquiera cambiar las instituciones? Limítate a
trabajar para cambiar a los individuos, y las instituciones se ocuparán de sí mismas. Un excelente ejemplo de
esta estrategia en el siglo XX ha sido el avivamiento. Los
avivamientos son medios designados para llevar a los
individuos a un lugar correcto con Dios. Los evangelis-
tas de avivamiento solo estaban interesados en el cambio cultural como efecto de la conversión individual
(casi lo contrario del evangelio social).[36] El problema
del subjetivismo es que carece de un medio de preser-
vación cultural más allá de una sola generación. Tiene
que empezar de nuevo en cada generación porque al
pasar por alto las instituciones, está pasando por alto
la continuidad cultural. Es cierto que los individuos de
cada generación deben ser cambiados (para el cristianismo, esto significa redimidos), pero las instituciones
inculturan los efectos de los individuos redimidos de tal
forma que conservan los efectos de la redención incluso
después de que los individuos redimidos mueran. Al
descuidar las instituciones, los subjetivistas interrum-
pen la continuidad cultural.

La clave de la cultura cristiana es hacer hincapié *tanto* en lo objetivo (las instituciones) *como* en lo subjetivo

(los individuos), captar las instituciones y sus palancas culturales estratégicas (como las confesiones, las grandes fundaciones, las universidades, el gobierno civil, los gremios artísticos) para la verdad cristiana, *así como* cambiar a los individuos (por supuesto, Dios es quien realmente cambia) predicándoles y alimentándoles en el evangelio y en la santificación personal.[37]

Un ministerio que preserva hoy este equilibrio es la *Alliance Defending Freedom*. La ADF forma a estudiantes de derecho cristianos y a jóvenes abogados para proteger y perpetuar las libertades básicas de Estados Unidos, principalmente la libertad religiosa. La ADF forma a individuos, pero también trabaja (con éxito) para crear y dar forma a instituciones como bufetes de abogados, tribunales, organizaciones de asistencia jurídica, etcétera. Saben que *tanto* los individuos *como* las instituciones cambian las culturas. En concreto, ¿qué deben hacer hoy los cristianos para crear una cultura cristiana?

La cultura cristiana es normativa

En primer lugar, podemos empezar a crear cultura cristiana *recuperando la visión de la normatividad de esa cultura*. Demasiados cristianos consideran la cultura cristiana como algo excepcional, una cosa solo del pasado lejano. Su tiempo ha llegado y se ha ido. La «vida cristiana normal» es la vida de una relación vertical con Dios y, como mucho, una familia y una iglesia cristianas. Esta es la suerte normal, ordenada por Dios, en la vida.

Me gustaría desafiar esa suposición generalizada. Me gustaría afirmar que la forma en que vivimos hoy *es anormal.* Me gustaría afirmar que la privatización, lo que se ha convertido en normal al mirar a nuestro alrededor, es un cristianismo *aberrante.* Me gustaría proclamar que en cierto sentido hemos hecho las paces con una herejía práctica: la herejía de la privatización, la reducción de la fe cristiana a un pasatiempo devocional privado.

Mientras los cristianos vean nuestra privatización actual como algo normal, estarán encantados de practicar una fe aberrante. Nuestro objetivo es incitarles al descontento con el *statu quo.* Las cosas fueron una vez muy diferentes y pueden volver a serlo. Christopher Dawson nos anima con estas líneas:

> Si observamos el mundo actual aislado del pasado y futuro, las fuerzas del secularismo pueden parecer triunfantes. Sin embargo, esto no es más que un momento en la vida de la humanidad, y no posee la promesa de estabilidad y permanencia. La lección

de la historia sugiere que hay tradiciones perdurables que pueden oscurecerse temporalmente, pero que conservan su fuerza subyacente y se reafirman tarde o temprano. Tal es el caso de la cultura cristiana actual. No ha desaparecido, pero ha sufrido una gran pérdida de influencia social y de prestigio intelectual debido a los cambios sociales de los dos últimos siglos que han transformado tanto el sistema educativo como el orden político y económico [...] Se trata de un estado de cosas transitorio y excepcional. Tarde o temprano la marea cambiará y el hombre recuperará su sentido de los valores espirituales y su interés por las realidades últimas.[38]

Dios nos ha llamado a asumir un dominio de gracia en la tierra, a cultivar la cultura para su gloria, a defender la Realeza del Señor Jesús resucitado en la tierra, a aplicar la Palabra de Dios a cada tema y situación, a practicar una fe integral en toda la vida.

La cultura cristiana requiere modelos

En segundo lugar, podemos *fomentar miniculturas* cristianas *que sirvan de modelo a una cultura cristiana de pleno derecho*. Mientras que la privatización limita la fe a la familia y a la iglesia, la desprivatización comienza por convertir estas y otras esferas cristianas más pequeñas en futuras plataformas de lanzamiento de una cultura cristiana. No podemos restaurar la cultura cristiana la próxima semana (perdimos esa cultura a lo largo de un periodo de unos 150 años, y no la recuperaremos en 15 semanas). Pero podemos fomentar versiones más pequeñas de esa cultura allí donde más fácilmente podamos lograrlo —el proverbial «fruto al alcance de la mano»— para preparar la recristianización de toda la sociedad.

Lo hacemos fomentando un enfoque claramente cristiano de toda la vida: ayudando a los cristianos propietarios de empresas a dirigirlas sobre principios bíblicos; ayudando a los jóvenes con dones para la música y el ballet y la física y el desarrollo de software y la política y las ventas y la agricultura y la educación y así sucesivamente, a cultivar estos dones de una manera cristiana utilizándolos para extender el reino del Señor en la tierra; no simplemente ganarse la vida o contribuir al «bienestar general de la humanidad». Nuestras familias e iglesias deberían ser campos de entrenamiento para soldados que se entrenan para cumplir el mandato cultural. En palabras de Carl F. H. Henry:

> Necesitamos hacer algo más que patrocinar una *subcultura* cristiana. Necesitamos una *contracultura* cristiana que se sitúe al lado de los rivales seculares

y publique abiertamente la diferencia que supone la creencia en Dios y en su Cristo en las arenas del pensamiento y de la acción [...] Debemos esforzarnos por reclamar el cosmos para su legítimo propietario, Dios, que tiene título de propiedad sobre el ganado en mil colinas, y para Cristo, que dice a las multitudes perdidas: «Yo los hice; yo morí por ustedes; yo los rescaté».[39]

Esto a su vez significa hacer estallar el mito de la neutralidad, tanto en la creación de una contracultura como en la reconquista de las instituciones para Cristo el Rey. Significa comprender que *no existe una forma legítima no cristiana de pensar o de hacer nada*. Comamos o bebamos o hagamos lo que hagamos, debemos hacerlo para la gloria del Señor (1 Cor. 10:31). Incluso los productos de la gracia común de los no creyentes son posibles porque no son consistentes con sus principios de adoración de las criaturas. La física cuántica y los iPhones y la agricultura de alto rendimiento y la Séptima Sinfonía de Beethoven solo son posibles con principios de adoración al Creador. Los cristianos deben operar de acuerdo con la verdad de que el enfoque cristiano es el enfoque ideal en todas partes, y que no hay alternativas legítimas.

La cultura cristiana comienza con cristianos espiritualmente intensos

Por último, podemos empezar a crear cultura cristiana *restaurando la intensidad espiritual*. Esta es otra forma de decir que necesitamos practicar el cristianismo real. Quizá el mayor inhibidor de la cultura cristiana en la actualidad no sea la secularización o incluso la privatización por parte de nuestra sociedad, sino el olvido por parte de nuestros amigos. El objetivo de Dios en la salvación no es principalmente librar a su pueblo de su juicio sino hacerlo santo para que pueda morar entre ellos, y al morar entre ellos su objetivo es exhibir su gloria a los incrédulos que los rodean.[40] Sin embargo, a los cristianos profesos de hoy en día no les importa mucho Jesucristo ni las cosas de Dios. Difícilmente podemos esperar crear una cultura cristiana cuando tenemos tan pocos cristianos apasionados por ser cristianos. Debemos afrontar de frente la promesa de Dios de vomitar de su boca a las iglesias que, como Laodicea, son tibias (Ap 3:15-19). Cuando nuestros solteros cristianos practican la fornicación de forma rutinaria y nadie los confronta por ello; cuando un número cada vez mayor de adultos entran y salen de la iglesia o saltan de iglesia cuando el pastor dice algo con lo que no están de acuerdo; cuando los pastores cancelan la iglesia para el domingo del Super Bowl pero no pueden suscitar suficiente interés para unas cuantas reuniones de oración… es poco probable que nos preocupemos lo suficiente como para crear una cultura cristiana. Esta es otra forma de decir que antes de que podamos tener cultura cristiana, necesitamos el cristianismo. Primero perdimos la cultura cristiana; ahora estamos perdiendo el cristianismo.

Permíteme sugerir que si Dios creó el mundo, y si Jesucristo murió por nuestros pecados y resucitó y gobierna desde los cielos, y si el mundo es su mundo y si un día todos debemos comparecer ante él para dar cuenta de las obras realizadas en nuestro cuerpo (2 Co 5:10), podríamos considerar la posibilidad de servirle con amor, reverencia y temor piadoso (He 12:28). Podríamos tomarnos en serio su Palabra hablada de su misma boca, nuestro mismo alimento y sustento (Jr 15:16). Podríamos convertirnos en poderosos guerreros de oración, comprendiendo que el reino no vendrá y la voluntad de Dios no se hará en la tierra como en el cielo hasta que tengamos unos cuantos cristianos que se sacrifiquen en oración. Escuchemos a E. M. Bounds:

> Mediante la oración el Nombre de Dios es santificado. Por la oración viene el reino de Dios. Mediante la oración Su reino es establecido en poder e im-

> pulsado con una fuerza conquistadora más rápida
> que la luz. Mediante la oración se hace la voluntad
> de Dios hasta que la tierra rivaliza con el Cielo en
> armonía y belleza. Mediante la oración el trabajo
> diario es santificado y enriquecido, y el perdón es
> asegurado, y Satanás es derrotado.[41]

Sin embargo, hoy tenemos toda una generación de feligreses que parecen limitar la oración a la hora de comer, que se inquietan si el ministro ora más de cinco minutos, que aparentemente consideran la oración una formalidad religiosa. Pero con la autoridad de la Palabra de Dios puedo decirles que si no somos personas de oración ferviente, no podremos ser cristianos conquistadores del mundo (Mt 2:21); no podremos disfrutar del cúmulo de bendiciones que Dios nos ha prometido (Stg 4:2); no podremos evitar las trampas y seducciones de Satanás (Mt 26:41). De hecho, como señala John N. Oswalt, el cristianismo nominal no es inofensivo: el pecado es tan potente y seductor que solo una fe espiritualmente intensa y dedicada puede vencerlo.[42]

La intensidad espiritual necesita igualmente una pasión por la Palabra de Dios. La ignorancia de los cristianos de hoy sobre las enseñanzas de la Biblia es espantosa. Los predicadores escogen sus versículos favoritos y no predican todo el consejo de Dios (Hch 20:27).

Por lo tanto, los fieles saben que Jesús es pastor, pero no saben que también es juez (Ro 2:16). Saben que debes perdonar a tus enemigos, pero no saben que no puedes perdonar a nadie que se niegue a arrepentirse (Lc 17:3).[43] Saben que Dios ama a los pobres, pero no saben que si no utilizamos nuestros recursos para ganar más dinero, estaremos bajo su juicio (Mt 25:14-29).[44] Saben que la muerte de Jesús pagó por su pecado, pero no saben que su resurrección significa que deben caminar en obediencia (Ro 5) si esperan llegar al cielo (He 12:14).

La Biblia no es simplemente la carta de amor de Dios a su pueblo; es la mismísima Palabra viva del Dios vivo ante quien nos inclinamos. Si Dios es el Dios del universo, cabría pensar que querríamos saber todo lo que nos dice. No podemos fomentar la cultura cristiana mientras la Iglesia tome la Biblia a la ligera.

Y hablando de la Iglesia, esta es la embajada de Dios en el mundo (Mt 18:17; Lc 10:16; Jn 20:23; 2 Co 5:20), y si no nos apasionamos por su iglesia, nunca nos apasionaremos por la cultura cristiana, porque esta empieza (aunque nunca debe terminar) en la familia y en la Iglesia. Pablo nos dice que Dios mismo derramó su sangre por la iglesia (Hch 20:28). Si dejamos de congregarnos, no podremos salvarnos (He 10:24-29). Hoy en día hay una gran reacción contra la Iglesia, porque es una institución que reclama autoridad divina, y la gente odia toda autoridad excepto la suya propia. Oímos que la gente ama a Jesús pero odia a la Iglesia. Eso es tan inane como decir que la gente ama a Jesús pero odia a la familia. La Iglesia es la institución que Él estableció (Mt 16:18). Es su cuerpo (Col 1:18); si odias a la Iglesia, odias a Jesucristo.

La iglesia es un cuerpo de creyentes lavados en sangre y sus hijos unidos por el Espíritu Santo en una comunidad local bajo la supervisión de subpastores cualificados para escuchar y obedecer la Palabra de Dios y beneficiarse del bautismo y la comunión y *ser* el pueblo de Dios ante el mundo.[45]

Esta es la Iglesia por la que Dios derramó su sangre, esta es la Iglesia que Él estableció, y esta es la iglesia sin la cual no puede establecerse la cultura cristiana.

Ya es hora de que volvamos a amar lo que Dios ama y a odiar lo que Dios odia. Y debes saber esto: Dios ama a su Iglesia y odia el pecado.

Conclusión

Este mundo es el mundo de Dios. Pertenece a Dios, no a Satanás. Fue creado para traerle gloria. Y le traerá gloria, a pesar del pecado del hombre. Donde abundó el pecado, sobreabundó la gracia (Ro 5:20). Cada área actualmente bajo el dominio del pecado será un día limpiada y subordinada a su Rey legítimo. Jesús no está en el negocio de la distensión; está en el negocio de la victoria. El pecado no vencerá; Jesús vencerá.[46] En palabras de Roderick Campbell:

> Toda oposición abierta y organizada a la verdadera fe será vencida un día y la verdadera fe se establecerá en todo el mundo. El reino del Mesías triunfará visiblemente a pesar de toda oposición presente o futura, y a pesar de todos los reveses o retrocesos periódicos [...] La meta de la historia es el logro de la herencia de Dios para Su pueblo: esa multitud de túnicas blancas que ningún hombre puede contar, reunida de los cuatro vientos del cielo. La tarea de la Iglesia es someter a los que aún son rebeldes, convertirlos en leales soldados de Cristo, añadirlos a la hueste de túnicas blancas.[47]

La cultura cristiana es la manifestación terrenal del reino de Dios, su reinado en la tierra. Trabajar por la cultura cristiana es trabajar por la gloria de Dios en la tierra. «Todo lo que un cristiano hace en el mundo», escribe Carl F. H. Henry, «debe hacerlo como una cuestión de obediencia espiritual: su papel en el mundo no le impone una segunda tarea independiente de su misión evangélica, sino que es otra forma de afirmar a Cristo como Salvador [sic] y Señor».[48] Negarse a trabajar por la cultura cristiana no es solo desobedecer a Dios; es negarse a darle gloria. Jesucristo no nos pide mucho; nos lo pide todo. Si Jesús no es Señor de todo, no es Señor en absoluto. Si permitimos que Satanás reclame un área de nuestras vidas, esclavizará todo en nuestras vidas. Lo que está en juego es así de alto; el problema es así de simple y así de profundo.

Aunque el pecado nunca será vencido definitivamente hasta los cielos nuevos y la tierra nueva (Ap 21:22-27), nuestra tarea ahora es trabajar para hacerlo retroceder mediante la predicación del evangelio y el poder del Espíritu y la autoridad de la Palabra. El pecado no puede coexistir pacíficamente con la justicia (Ro 7). No podemos hacer las paces con el pecado y ser el pueblo de Dios. *La cultura cristiana es el rechazo total a hacer las paces con el pecado*. Es la exteriorización de la operación interior del Espíritu Santo para limpiar a su pueblo. Es una vasta declaración pública de que Jesús es el Señor de todas las cosas. Hasta que el conocimiento del Señor cubra la tierra como las aguas cubren la mar (Is 11:9), la cultura cristiana es un camino decisivo hacia la manifestación universal del reino de Dios.

La cultura cristiana es nuestra vocación y es nuestro destino. Venceremos.

Notas al capítulo 3

[1] Pero véase Rodney Stark, *The Victory of Reason* (Nueva York: Random House, 2005).

[2] Ted A. Campbell, *The Religion of the Heart* (Columbia, Carolina del Sur: University of South Carolina Press, 1991), 16, 177.

[3] Thomas Oden, *The Rebirth of Orthodoxy* (Nueva York: HarperCollins, 2003).

[4] Brian G. Mattson, «The Enlightenment and the Modern World», Dead Reckoning, http://dr-brianmattson.com/journal/2013/1/4/the- enlightenment-and-the-modern-world, consultado el 4 de febrero de 2013.

[5] Peter Gay, *The Age of Enlightenment* (Nueva York: Time-Life, 1966).

[6] Frederick C. Beiser, *The Sovereignty of Reason* (Princeton, Nueva Jersey: Princeton University Press, 1996), 257-265.

[y] Francis A. Schaeffer, *Escape from Reason*, en *The Complete Works of Francis A. SchaeRer* (Westchester, Illinois: Crossway, 1982), 1:212.

[8] Christopher Dawson, *The Gods of Revolution* (Londres: Sidwick & Jackson, 1972).

[9] Bernard Ramm, *The Evangelical Heritage* (Waco, Texas: Word, 1973), 67.

[10] Isaiah Berlin, *The Roots of Romanticism* (Princeton, Nueva Jersey: Princeton University Press, 1999).

[11] La Ilustración es un ejemplo de objetividad anticristiana. El romanticismo es un ejemplo de subjetividad anticristiana. Son falsificaciones de la objetividad cristiana (Dios, Jesucristo, la Biblia, la Iglesia) y de la subjetividad cristiana (el amor a Dios, el testimonio del Espíritu Santo, la pasión por la obediencia).

[12] Robert Pattison, *The Triumph of Vulgarity* (Nueva York: Oxford University Press, 1987).

[13] Andrew Potter, *El engaño de la autenticidad* (Nueva York: HarperCollins, 2010).

[14] Daniel Kevles, «In the Name of Darwin», http://www.pbs.org/ wgbh/evolution/darwin/nameof/, consultado el 27 de noviembre del 2012. Robert Zubran documenta cómo el propio Darwin se apartó intencionadamente de la moral cristiana al plantear una ética racista alternativa. Sus sucesores, en su mayoría izquierdistas, se enamoraron de la eugenesia, que allanó el ca-

mino para los genocidios del siglo XX. Véase *Merchants of Despair* de Zubran (Nueva York y Londres: Encounter, 2012), 33-34 y *passim*.

[15] Marx se ofreció a dedicar su influyente libro sobre el socialismo *Das Kapital* a Charles Darwin, alegando que su propia teoría de la evolución y la selección natural había hecho por las ciencias naturales lo que Marx estaba haciendo por la historia humana. Darwin declinó cortésmente. Véase Isaiah Berlin, *Karl Marx* (Nueva York: Time, 1963), 204.

[16] Gerhard Maier, *The End of the Historical-Critical Method* (St. Louis: Concordia, 1977).

[17] John Dillenberger y Claude Welch, *Protestant Christianity* (Nueva York: Charles Scribner's Sons, 1954), 197.

[18] Grant Wacker, «The Demise of Biblical Civilization», en *The Bible in America*, Nathan O. Hatch y Mark A, Noll, eds. (Nueva York y Oxford: Oxford University Press, 1982), 121-127. Wacker observa que aún más profundo que el método histórico-crítico, y que lo alimentó, fue el historicismo, la opinión de que cada punto de vista es el producto de su tiempo; es decir, la historia produce ideas. No existen verdades trascendentes, transculturales. Por lo tanto, el método

histórico-crítico debe ser cierto: la Biblia es un libro «natural», histórico. El hecho de que *esta* idea surgió en la historia y que este hecho pone en tela de juicio su validez transcultural [!] parece no habérseles ocurrido a quienes esgrimen este argumento.

[19] Sobre la degeneración de la democracia, que ha pasado de ser un medio de representación política a un postulado cultural igualitario, véase Kenneth Minogue, *The Servile Mind* (Nueva York y Londres: Encounter, 2012). Su subtítulo es *Cómo la democracia erosiona la vida moral.*

[20] Douglas Kelly, *The Emergence of Liberty in the Modern World* (Phillipsburg, Nueva Jersey: P & R Publishing, 1992).

[21] N. S. McFetridge, *Calvinism in History* (Edmonton, Alberta, Canadá: Still Waters, 1989), 1-37.

[22] John Eidsmoe, *Christianity and the Constitution* (Grand Rapids: Baker, 1987).

[23] Percy de Newcastle, *Heresy of Democracy* (Chicago: Henry Regnery, 1955), 17-110.

[24] Gregg Singer, *A Theological Interpretation of American History* (Phillipsburg, Nueva Jersey: Presbyterian and Reformed, 1987).

[25] Angelo M. Codevilla, *The Ruling Class* (Nueva York: Beaufort, 2010).

[26] Peter Gay, *Modernism* (Nueva York y Londres: W. W. Norton, 2008).

[27] *Ibídem*, 37.

[28] Friedrich Nietzsche, *Twilight of the Idols/The Antichrist* (Londres: Penguin, 1990), 80-81.

[29] Friedrich Nietzsche, *Beyond Good and Evil*, en *The Basic Writings of Nietzsche*, Walter Kaufmann, ed. (Nueva York: Modern Library, 1968), 326.

[30] Christopher Dawson, *The Historic Reality of Christian Culture* (Londres: Sheed & Ward, 1960), 19.

[31] Alexis de Tocqueville se refirió a este fenómeno como «la tiranía de la mayoría» en su clásico *Democracy in America*, trad. George Lawrence (Garden City, Nueva York, 1969), 250-253.

[32] Stephen C. Perks, *The Great Decommision* (Taunton, Inglaterra: Fundación Kuyper, 2011), 12.

[33] Philip J. Lee, *Against the Protestant Gnostics* (Nueva York: Oxford University Press, 1987), 16-44.

[34] Walter Rauschenbusch, *A Theology for the Social Gospel* (Nashville: Abington, 1917), 95-97, 108, 143-145.

[35] Jay W. Richards, *Money, Greed, and* God (Nueva York: HarperOne, 2009).

[36] Leonard Ravenhill, *Why Revival Tarries* (Minneapolis: Bethany House, 1959, 1987), 155-158.

[37] Roderick Campbell, *Israel and the New Covenant* (Filadelfia: Presbiteriana y Reformada, 1954), 297-307.

[38] Christopher Dawson, *The Formation of Christendom* (Nueva York: Sheed & Ward, 1967), 27-28.

[39] Carl F. H. Henry, *The Twilight of a Great Civilization* (Westchester, Illinois: Crossway, 1988), 44.

[40] John N. Oswalt, *Called to be Holy* (Anderson, Indiana: Asbury Press, 1999), 29, 81.

[41] E. M. Bounds, *The Reality of Prayer*, en *E. M. Bounds sobre la oración* (Grand Rapids: Baker, 1990), 241.

[42] Oswalt, *Called to be Holy*, 54.

[43] A. B. Caneday, *Must Christians Always Forgive?* (Mount Hermon, California: Centro para el Liderazgo Cultural, 2011).

[44] John Schneider, *The Good of Affluence* (Grand Rapids: Eerdmans, 2002).

[45] Juan Calvino, *Institutes of the Christian Religion*, trad. John Allen (Grand Rapids: Eerdmans, 1949), bk. 4, cap. 1, sec. 9.

[46] John Jefferson Davis, *Christ's Victorious Kingdom* (Grand Rapids: Baker, 1986).

[47] Campbell, *Israel and the New Covenant*, 205, 212

[48] Carl F. H. Henry, *The God Who Shows Himself* (Waco, Texas: Word, 1966), 49-50.

www.ingramcontent.com/pod-product-compliance
Lightning Source LLC
Chambersburg PA
CBHW030307130626
46549CB00002B/739